梦溪笔谈

沈 括◎著

北方妇女儿童出版社

目录

原典新释 / 9
辅导讲坛 / 5
观古阅今 / 1

阅读图解
序 / 5

6	阅读结构图解
8	阅读提纲图解
10	作者年谱图解
14	名家点评图解

10	卷一	故事
14	卷二	官政
27	卷三	权智
45	卷四	艺文
58	卷五	书画
76	卷六	技艺

97	卷七	技艺
110	卷八	讥谑
117	卷九	杂志一
144	卷十	杂志二
161	卷十一	药议

延伸阅读 /187
古韵体验 /183

188　文化延伸

189　名家链接

190　经典语录

序

中华民族要实现伟大复兴，必须有凝聚力。凝聚力的基础是人民具有民族自尊心、自信心，而民族自尊心、自信心的根本来源于对民族文化优秀传统的明确认知。

值得欣慰的是，博大精深的中华传统文化，蕴含着丰富的精神资源。生生不已的变易之道，居安思危的忧患意识，富贵不淫、贫贱不移的大丈夫气概，民为邦本的政治哲学，正德、利用、厚生相统一的精神物质兼顾的文明观，等等，都是开启今人智慧、滋养今人心灵的营养。

为了适应全民阅读的需求，我们本着以弘扬传统文化、传承中华文明为宗旨，精心设计了这套深入浅出，今古相合，适合全民阅读和理解古代先贤智慧的《中华国学经典全民阅读书库》。

本书特点鲜明，以采用多视角、多元化、多维度的图解式为启动引擎，每册图书分为六大版块：阅读图解、观古阅今、辅导讲坛、原典新释、古韵体验和延伸阅读；通过这些版块，详细生动地从不同功用上对丛书之每一国学经典进行全方位的介绍，辅助读者理解古籍中生僻难解之处，有益于在古诗文学习上的理解和提高。

国学，作为一种历史、一种传统、一种文化、一种非物质文化遗产，它所蕴藏的经验、智慧和启示，穿越时空延展至今。我们用它来化解心灵的危机，解释当下的生存困境，救赎迷惘的灵魂。我们正处在现代化进程中，需要从古籍中发掘中华民族固有的传统文化基因作为促进社会进步的重要支撑点，这正是全民阅读国学重要性之所在。

国学流传了几千年，不腐更不会朽，它是清新而流动的活水，万古长青，生机盎然。有鉴于此，我们组织学术界的一流专家，编辑了这套图书，以飨读者。

编者

2015年3月

读结构图解

No.1
阅读图解：这部分内容用和谐的色彩和图形来对本书作者、历史影响等内容进行解读，简单、清晰、直观，有利于读者轻松把控和阅读本书。

No.2
观史阅今：这部分包括本书的历史传承、影响，以及本书的历史地位、作用、意义等内容，起到点睛之笔的作用，能够让读者做到对经典著作的深入和精细化阅读。

No.3
辅导讲坛：用简短、精炼的语言对每一篇的内容进行概括、总结，以期读者更加快速地从宏观角度掌握本书的主要内容。

No.5
古韵体验：用体验的方式阅读，具有亲历性和验证性，当把书籍的内容用在实际中，是活学活用，也是学以致用，《梦溪笔谈》对我们理政、经商、治学、教育等均有广泛用途，有针对性地用在实践中，是我们阅读的目的。

No.4
原典新释：选取和本书相关的人物、图书、影视以及经典的词句、思想等内容，以增加读者的文化积淀，拓宽视野，培育创造力。

No.6
延伸阅读：这部分内容包括原典、注释、译文和铭记链接，侧重对原典的正确解读，注释译文力求简明准确，链接知识紧扣文本，重在凸显原典主旨，弘扬传统文化。

阅读提纲图解

1. 《梦溪笔谈》，北宋科学家、政治家沈括（1031—1095）撰，是一部涉及古代汉族自然科学、工艺技术及社会历史现象的综合性笔记体著作。该书在国际亦受重视，英国科学史家李约瑟评价为中国科学史上的里程碑。

2. 《梦溪笔谈》一共分30卷，其中《笔谈》26卷，《补笔谈》3卷，《续笔谈》1卷。它总结了中国古代、特别是北宋时期科学成就。

原文部分参照多家白话文本及诸家注、疏、笺、校本，文章经梳理后，以中国现代标点符号标明句读，以方便读者阅读。

雌黄粉涂字

原文

驿传旧有三等，曰步递、马递、急脚递。急脚递最遽①，日行四百里，唯军兴②则用之，熙宁中，又有金字牌急脚递，如古之羽檄也。以木牌朱漆黄金字，光明眩目，过如飞电，望之者无不避路，日行五百余里。有军前机速处分③，则自御前发下，三省、枢密院莫得与④也。

注释部分是对古今异义（异音）、生僻、难解等词语进行注释，力求准确严谨，古今相通，简洁明白，便于读者阅读。

注释

① 遽：快捷。
② 军兴：用兵打仗。
③ 处分：指军事命令或情报。
④ 与：参与。

3.《梦溪笔谈》成书于11世纪末，是沈括晚年归退后，在润州（今镇江）卜居处"梦溪园"的园名。该书包括祖本在内的宋刻本早已散佚。现所能见到的最古版本是1305年（元大德九年）东山书院刻本，现收藏于中国国家图书馆。

4.《梦溪笔谈》具有世界性影响。日、法、德、英、美、意等国家都有学者、汉学家对《梦溪笔谈》进行系统而又深入的研究，有英语、法语、意大利语、德语等各种语言的翻译本。

译文

用驿站传递文书的方法过去有三种，即步递、马递和急脚递。其中急脚递最快，每天行四百里路，只有战争时才会用到。熙宁年间，又有一种金字牌急脚递，和古代的羽檄相似。把木牌涂上红漆，描上金黄色字样，光亮刺眼，持牌行走的人就像飞电一样闪过，远远望见没有人不急忙让路的，每天行五百多里路。每有需要飞速送往军中紧急执行的命令时，就从皇帝处发下金字牌，连三省、枢密院也无权参与。

译文部分参考诸家注、疏、笺、校本，以现代白话的形式解说文言文原文，以帮助现代读者理解原文，明白其意思。

经典语录

历法步岁之法，以冬至斗建所抵，至明年冬至所得辰、刻、衰、秒，谓之斗分。故"岁"文从"步"、从戌。戌者，斗魁所抵也。

所谓青龙者，东方厥阴之气。其性仁，其神化，其色青，其形长，其虫鳞。兼是数者，唯龙而青者，可以体之，然未必有是物也。

四方取象：苍龙、白虎、朱雀、龟蛇。

经典语录是对文章内涵的延伸，所选内容和名言都是本书中知名度最高、对后人启发最深刻的，能够拓展读者视野，加深读者记忆，提高阅读质量。

作者年谱图解

1031年 沈括出身于浙江钱塘一官僚家庭。他的父亲沈周(字望之)曾在泉州、开封、江宁做过地方官。

1049年 沈括至南京,对医药产生兴趣。

1050年 沈括借居苏州母舅家。沈括从许洞的著作与藏书中得益甚多。

1054年 沈括以父荫入仕,任海州沭阳县主簿,修筑渠堰,开发农田,颇有政绩。

1061年 任安徽宁国县令,倡导并发起了修筑芜湖地区万春圩的工程,并撰写了《圩田五说》《万春圩图记》。

三十三岁考中进士,被任命做扬州司理参军,掌管刑讼审讯。治平三年(1066年),被推荐到京师昭文馆编校书籍,在这里他开始研究天文历算。	1063年
任集贤院校理,撰写了《浑仪议》《浮漏议》《景表议》《修城法式条约》《营阵法》。还多次出使,视察了很多地方。	1073年
1075年,以翰林侍读学士的身份,出使契丹交涉划界事宜,获成而还。他在出使途中绘记了辽国山川险阻及风俗人情,成《使虏图抄》,上于朝廷。	1075年
升龙图阁直学士。但是不久又因为与给事中徐禧、鄜延道总管种谔、鄜延道副总管曲珍等人贪功冒进,酿成永乐城惨败,政治生命宣告完结。	1082年
沈括移居到润州,购置的园地,加以经营,名为"梦溪园",在此隐居。	1088年
沈括去世,留下《梦溪笔谈》等几十种作品。	1095年

作者生平

沈括（1031～1095年），字存中，号梦溪丈人，北宋浙江杭州钱塘县（今浙江杭州）人，汉族。北宋科学家、政治家。我国历史上最卓越的科学家之一。精通天文、数学、物理学、化学、地质学、气象学、地理学、农学和医学。他还是卓越的工程师、出色的外交家和唯物主义者。

沈括认为"天地之变，寒暑风雨，水旱螟蝗，率皆有法"，并指出，"阳顺阴逆之理，皆有所从来，得之自然，非意之所配也。"就是说，自然界事物的变化都是有规律的，而且这些规律是客观存在的，是不以人们的意志为转移的。他还认为事物的变化规律有正常变化和异常变化，不能拘泥于固定不变的规则。正是这些比较正确的思想观点，促使他取得了那个时代在科学技术方面达到的高度成就。沈括曾提出已知的知识是有限的，人的认识是无限的观点，对科学的发展产生了很大的影响。

沈括是仁宗嘉祐进士，后任翰林学士。一岁时南迁至福建的武夷山、建阳一带，后隐居于福建的尤溪一带。他自幼勤奋好读，在母亲的指导下，十四岁就读完了家中的藏书。仁宗嘉祐八年（1063年）进士。神宗时参与王安石变法运动。熙宁五年（1072年）提举司天监，次年赴两浙考察水利、差役。熙宁八年（1075年）出使辽国，驳斥辽的争地要求。次年任翰林学士，权三司使，整顿陕西盐政。后知延州（今陕西延安），加强对西夏的防御。元丰五年（1082年）以宋军于永乐城之战中为西夏所败，连累被贬。晚年在镇江梦溪园撰写了《梦溪笔谈》。

沈括的主要著作有：《圩田五说》《万春圩图记》《浑仪议》《浮漏议》《景表议》《营阵法》《守令图》《梦溪笔谈》《续笔谈》《补笔谈》《梦溪忘怀录》《长兴集》《苏沈良方》《南郊式》等作品。

成书时间

于《梦溪笔谈》的创作背景及相关情况，作者沈括在《梦溪笔谈·序》中有比较清楚的说明：1082年（宋元丰五年）后，作者政治上不得志，约1088年前后（元祐三年）住润州，在那里修筑一座梦溪园（在今江苏镇江东）卜居，作者日常的生活较少外出，也较少与人来往，是谓"予退处林下，深居绝过从"。

在创作上，作者自谓"圣谟国政，及事近宫省，皆不敢私纪。至于系当日士大夫毁誉者，虽善亦不欲书，非止不言人恶而已。"即是说，帝王私事，当朝得失，人事毁誉，乃至之前自身的仕途遭遇等等，沈括都没有也不愿意涉及。因此，作者所创作的都是"不系人之利害者"，出发点则是"山间木荫，率意谈噱"。

《梦溪笔谈》的撰写时间，历来有多种说法。胡道静在《梦溪笔谈校正·引言》中提出："《梦溪笔谈》撰述于1086-1093（宋元祐年间），大部分于1088年（元祐三年）定居于润州以后写的"；李裕民《关于沈括著作的几个问题》（《沈括研究》，浙江人民出版社，1985年）认为："作于1082年（宋元丰五年）十月沈括在随州安置后，至迟在迁居润州梦溪园之初已完书。"但现一般认为，胡道静的说法较为可靠，即《梦溪笔谈》成书于1086-1093年间。

名家点评图解

《宋史》评价他说:"博学善文,于天文、方志、律历、音乐、医药、卜算无所不通,皆有所论著。"

英国科学史家李约瑟评价沈括"中国科学史上的坐标"和"中国科技史上的里程碑"。

——李约瑟

北宋大臣,哲宗朝宰相蔡确对沈括的评价是:"首鼠乖刺,阴害司农法。"

——蔡确

日本数学家三上义夫说："（古代）日本的数学家没有一个比得上沈括。"

——三上义夫

我国古文献学家、科技史学家胡道静在《沈括军事思想探源——论沈括与其舅父许洞的师承关系》一文中，充分肯定了沈括在军事方面的杰出才干。

——胡道静

宋史编纂者阿尔拉·阿鲁图称赞："沈括博学善文，于天文、方志、律历、音乐、医药、卜算无所不通，皆有所论著"。

——阿尔拉·阿鲁图

中国近代地理学的奠基人竺可桢高度赞扬《梦溪笔谈》："《梦溪笔谈》在我国地理学方面有重要杰出的贡献。"

——竺可桢

北宋通过改革，采取了以文立国的国策，实行文人统治。宋太祖把科举制度作为人才选拔的基本制度，无论寒门士子，还是农桑人家，学而优者，均可以出入庙堂。文官出任中央及各地最高行政长官，地位居于武官之上。军队是军无常帅，帅无常军。

由于宋代皇帝都能较好地执行太祖的祖训，大臣和文官也敢于发表意见，使皇权得到一定的束缚，大臣参与决策与执行政策的权力比前朝都大。庙堂之上，君臣争论不已；江湖之中，书生指点江山。这种开明的政治气氛，造成知识分子政治上有理想、文化上有创新、道德上有追求、生活上有保障。这种比较开明的政治为他朝罕有，也为宋朝的迅速发展提供了有力的保证。

北宋是中国古代历史上经济与文化教育最繁荣的时代。北宋咸平三年（公元1000年）的国民生产总值为265.5亿美元，占据世界经济总量的22.7%，人均生产总值为2280美元，已经完成第一次工业革命的英国人均生产总值为1250美元。于此同时，宋朝的科技也遥遥领先其他国家。

北宋是个非常奇特和发展不平衡的时代。一方面，北宋虽然拥有庞大的军队，但军事实力不强，与辽国和西夏对抗时长期处于劣势。经济上虽然十分繁荣，但北宋政府经常国库空虚，入不敷出。由于北宋在军事上"积弱"，在经济上"积贫"，被历史学家视为"中国历史上最软弱的一个朝代"。然而，在另一方面，北宋是中国历史上科技最发达、文化最昌盛、艺术最繁荣的朝代之一。中国历史上很多重大发明都出现在北宋。在11、12世纪内，中国大城市里的生活程度可以与世界上任何其他城市比较而无逊色。北宋在文学艺术方面，更是名人辈出，登峰造极。北宋是中国历史上的文学方面中最强大的封建王朝之一。

关于《梦溪笔谈》的创作背景及相关情况，作者沈括在《梦溪笔谈·序》中有比较清楚的说明：1082年（宋元丰五年）后，作者政治上不得志，约1088年前后（元祐三年）住润州，在那里修筑一座梦溪园（在今江苏镇江东）卜居，作者日常的生活较少外出，也较少与人来往，是谓"予退处林下，深居绝过从"。

在创作上，作者自谓"圣谟国政，及事近宫省，皆不敢私纪。至于系当日士大夫毁誉者，虽善亦不欲书，非止不言人恶而已。"即是说，帝王私事，当朝得失，人事毁誉，乃至之前自身的仕途遭遇等等，沈括都没有也不愿意涉及。因此，作者所创作的都是"不系人之利害者"，出发点则是"山间木荫，率意谈噱"。

沈括的《梦溪笔谈》宋本祖刻本早已毋见。据流传本考订，可知《梦溪笔谈》最初刻本为三十卷，内容比今本要多，但都散佚。北宋有扬州刻本，南宋孝宗乾道二年又曾重刻行世，惜宋刻本今皆不存。

《梦溪笔谈》，现所能见到的最古版本是中国国家图书馆收藏的1305年（元大德九年）陈仁子东山书院刻本。此本据南宋乾道本重刊，尚可窥宋本旧貌，其开本很大，极为铺陈，而版框很小，装帧为当时流行的蝴蝶装，在元代刻本中独具特色。元大德刊本的卷首有"东宫书府"、"文渊阁"两方朱文方印，卷内还钤有"汪士钟印"、"平阳汪氏藏书印"、"臣文琛印"、"甲子丙寅韩德均钱润文夫妇两度携书避难记"等印。

该元大德刊本流传有序：元代曾藏于元宫中，明太祖朱元璋灭元后得到，并赠送给太子朱标，后又归宫中"文渊阁"。清代，从宫中流出，为汪士钟的艺芸精舍、松江韩氏先后收藏。后为近现代著名藏书家陈澄中（1894-1978）收入囊中。

陈澄中于解放前后移居香港，1965年，有意将包括这部《梦溪笔谈》在内的一批珍贵善本出让，时中国国务院总理周恩来为避免珍贵文物外流，亲自过问，责成文化部指派专人前去洽办，最终在国家经济并不宽裕的情况下，斥巨资购回，成为书林佳话。1976年，文物出版社曾影印出版，为了让大众使用方便，2003年，"中华再造善本工程"出版简体版的《梦溪笔谈》。

关于《梦溪笔谈》校订注释本等，明、清两代至民国年间，不断有高质量版本出现，如：明弘治徐瑶刊本，明1631年（崇祯四年）嘉定马元调本，清1805年（嘉庆十年）海虞张学鹏学津讨原本，清光绪番禺陶氏爱庐刊本，近代王国维、叶景葵也有手校本。通行的《梦溪笔谈》正、补、续三编本首出《稗海》。

解放后有：《梦溪笔谈》文物出版社1976年影印元东山书院刻本；《梦溪笔谈》国家图书馆"中华再造善本工程"2003年影印元东山书院刻本；胡道静《新校正梦溪笔谈》，上海出版公司1956年版；《梦溪笔谈》中华书局1957年版；《梦溪笔谈·补笔谈·续笔谈》大象出版社"宋人笔记"第一编，2005年版；1956年，上海出版公司出版了胡道静的《梦溪笔谈校证》，考据精详。1957年，中华书局又出版了胡道静的《新校正梦溪笔谈》，很便于阅读。

此外，《梦溪笔谈》在国外也很有影响，早在19世纪，它就因为其活字印刷术的记载而闻名于世。20世纪，法、德、英、美、意等国都有人对《梦溪笔谈》进行系统而又深入的研究，并有全部或部分章节的各国译本向社会公众加以介绍。日本早在19世纪中期，就用活字版排印了沈括的这部名著，是世界上最早用活字版排印《梦溪笔谈》的国家。从1978年起，日本又分三册陆续出版了《梦溪笔谈》的日文译本。

本书的阅读,以多视角、多元化、多维度为启动引擎,在阅读时从两个主体部分着眼,就会得到相得益彰的效果。

一、版块辅导

全书共分为六大版块:阅读图解、观史阅今、辅导讲坛、原典新释、古韵体验以及延伸阅读。

图形也是一种语言,但它比文字简练、直观、立体,同时也蕴含着丰富的信息。本书的阅读图解部分就是最好的证明,这部分内容是对整本书的结构概括、作者生平以及本书的历史影响及文学地位的直观展示。

接下来是观史阅今,读者可以从这部分概括性的语言中对本书的意义、传承、影响等方面有一个总体的了解。这样,在阅读原著的时候就能更轻松地领悟作者的思想精髓。

原典新释是本书的重中之重,它主要由原文、注释、译文和经典语录等知识版块组成。梳理原文,并对生僻难解的字词进行注释,同时还配有相应的译文,这些都有利于读者理解国学经典内容。此外,在每一篇文章后面都加了一个紧扣本篇内容的铭记链接知识。这样不仅能加深读者的记忆,而且还开阔了读者的视野,达到了全民阅读"品味经典,弘扬传统文化"的目的。

古韵体验,这也是当我们读完这本经典著作之后的收获和感想。我们都能领悟到作品哪些思想精髓,应该怎么做才能真正地弘扬中华传统文化,实现中华民族的伟大复兴呢?

二、原著辅导

《梦溪笔谈》包括《笔谈》《补笔谈》《续笔谈》三部分,收录了沈括一生的所见所闻和见解。《笔谈》二十六卷,分为十七门,各卷依次为"故事(一、二)、辩证(一、二)、乐律(一、二)、象数(一、二)、人事(一、二)、官政(一、二)、机智、艺文(一、二、三)、书画、技艺、器用、神奇、异事、谬误、讥谑、杂志(一、二、三)、药议"。

《补笔谈》三卷,包括上述内容中十一门。《续笔谈》一卷,不分门。全书共六百零九条(不同版本稍有出入),内容涉及天文、历法、气象、地质、地理、物理、化学、生物、农业、水利、建筑、医药、历史、文学、

艺术、人事、军事、法律等诸多领域。在这些条目中，属于人文科学例如人类学、考古学、语言学、音乐等方面的，约占全部条目的18%；属于自然科学方面的，约占总数的36%，其余的则为人事资料、军事、法律及杂闻轶事等约占全书的46%。

从内容上说，《梦溪笔谈》以多于三分之一的篇幅记述并阐发自然科学知识，这在笔记类著述中是少见的。如《技艺》正确而详细记载了"布衣毕昇"发明的泥活字印刷术，这是世界上最早的关于活字印刷的可靠史料，深受国际文化史界重视。具体表现在：

1. 天文学及历法方面，《梦溪笔谈》中有关天文、历法方面的记述有20多条。研究者认为沈括对古代天文科学、历法的贡献主要有四个方面：一是改进了一批天文仪器。二是对天象进行细致的观测，取得了一些新的发现与观测结果。三是提出了"十二气历"说，较好地解决了古代历法中一直存在着的阴阳历之间难以调和的矛盾。四是在担任司天监职务期间，大胆起用布衣卫朴进行历法改革，也针对当时司天监、天文院存在的一些弊端进行过整肃。

2. 地理科学方面，《梦溪笔谈》有30多个条目涉及自然地理、政治经济地理、测量、地图制作等。沈括以其丰富的阅历，撰写了有关山川、地名沿革与考辨的条目，为研究自然地理提供了宝贵的史料。沈括对各地重要物产、重要生产与生活资料的产销与经营管理等方面的记述，为研究北宋时期政治经济地理提供了重要参考。

3. 物理学方面，《梦溪笔谈》有10多条记述涉及光学、磁学、声学等领域。这些记录对物理学一些现象的发现、描述与研究，都极具研究价值。尤其是磁偏角的发现，西方直到1492年才由哥伦布发现，比沈括足足晚了400多年。

4. 数学方面，《梦溪笔谈》中有7条笔记涉及数学，涉及的面较广且多有创见。被数学界尊为中国古代数学研究的重要成就，其中就包括了沈括首创的隙积术和会圆术。在数学研究与应用方面的还有，提出了如何计算围棋可能的总局数的方法。

5. 生物学方面，《梦溪笔谈》中与生物学相关的条目比较多，有30多条。大量研究文章充分肯定了沈括对生物学诸多方面作出的贡献，对古生物化石的研究与记述，以及对生物的相生相克现象的观察与分析等，都具有极高的研究价值。

6.音乐方面，《梦溪笔谈》中与音乐相关的记述有40多条。梦溪笔谈》音乐方面的贡献主要有四个方面：一是研究并阐述了古代音乐的音阶理论；二是保存了古代音乐的一些演奏技艺、相关术语；三是记述了沈括对唐宋燕乐的研究心得；四是记述、考证了部分乐器的形制、用材、流布与演变等。

7.书画鉴赏方面，《梦溪笔谈》中记述书画的条目有近30条。沈括在书画收藏与鉴赏方面也是行家。他撰写过《图画歌》，用歌诗的方式，对两晋、唐五代至宋代的50多位名画家的作品及风格进行品评，语言精练、视角独到，得到了著名书画家米芾等人的高度评价。

8.在文学方面《梦溪笔谈》本身极具文学性，《梦溪笔谈》中有20多个条目记述的内容属文学类，因此，它在文学方面的价值也受到不少研究者的重视。

9.在史学方面《梦溪笔谈》中属史学范畴的记述有20多条，另有关于古代礼仪、职官、舆服、科举等方面的记述达上百条之多，因此，《梦溪笔谈》对于史学研究的价值也是不容置疑的。

10.工程技术方面《梦溪笔谈》有30多个条目记述了古代水利、建筑工程等方面的技术创新与发明，中国古代劳动人民的许多工程技术与科技发明，也正是由于《梦溪笔谈》的记述才得以保留与传承的。

另外《梦溪笔谈》还在语言学、军事、化学、农学、考古学等领域的研究与应用价值进行过研究与探讨。并取得一些成果。

卷一　故事

唐宋服饰

原文

中国①衣冠，自北齐以来，乃全用胡服。窄袖、绯绿②短衣、长靿靴③、有鞢带④，皆胡服也。窄袖利于驰射，短衣、长靿皆便于涉草。胡人乐茂草，常寝处其间，予使北时皆见之，虽王庭亦在深荐⑤中。予至胡庭日，新雨过，涉草，衣裤皆濡，唯胡人都无所沾。带衣所垂蹀躞，盖欲佩带弓剑、帉帨⑥、算囊⑦、刀砺⑧之类。自后虽去蹀躞，而犹存其环，环所以衔蹀躞，如马之鞦根⑨，即今之带銙⑩也。天子必以十三环为节，唐武德贞观时犹尔。开元之后，虽仍旧俗，而稍褒博⑪矣。然带钩尚穿带本为孔，本朝加顺折，茂人文也。

注释

①中国：指汉族建立的国家区域，中原地区。

②绯绿：绯，红色。绯绿，指以红、绿色搭配。

③长靿靴：长筒皮靴。

④有鞢带：古时的一种皮带，带间有带环可以配挂随身使用的物件。

⑤荐：草。

⑥帉帨：古时的佩巾、手帕一类的东西。

⑦算囊：古时用来贮放书写用具的袋子。

⑧刀砺：磨刀石。

⑨鞦根：络于牛马股后的皮带。

⑩带銙：古人用来紧束皮革腰带的金属钩。

⑪褒博：宽大。

译文

中原地区的衣冠服饰，从北齐时代以来，就全部采用胡人的服装。窄衣袖、红色绿色相搭配的短衣服，长筒皮靴、有皮带，这些都是胡人的服饰。窄袖利于骑马射箭，短衣服、长筒靴都便于在深草中行走。胡人喜欢茂盛的草原，常常在草丛中居住，我出使北方的时候都看到过。即使是国主的宫殿也在深草之中。我到胡人的王庭时，刚刚下过雨，经过深草丛衣服裤子都湿了，只有胡人的衣裤没有被沾湿。皮革腰带上垂的蹀躞，大概是用来佩带弓、剑、手巾、算囊、磨刀石一类的物品。后来虽然去掉了蹀躞，但是还保存了它的环，环是用来穿蹀躞的，如马股后面的鞦根，就是现在的带銙。天子必定以十三个环为度，唐代武德、贞观时期都是这样。自开元以来，虽然沿用旧的习俗，但是逐渐扩大了。然而带钩还是穿过带身为小孔，本朝的时候又在腰带上加了顺折，是用来显示主人纹饰。

幞　　头

原文

幞头一谓之四脚，乃四带也。二带系脑后垂之，二带反系头上，令曲折附顶，故亦谓之"折上巾"。唐制，唯人主得用硬脚。晚唐方镇擅命，始僭①用硬脚。本朝幞头有直脚、局脚、交脚、朝天、顺风，凡五等。唯直脚贵贱通服之。又庶人所戴头巾，唐人亦谓之"四脚"，盖两脚系脑后，两脚系颔下，取②其服劳不脱也。无事则反系于顶上。今人不复系颔下，两带遂为虚设。

注释

①僭：超越自己的身份。
②取：利用。

译文

幞头又叫作四脚，即有四根带子。两根带子系在脑袋后面垂下来，两根带子反折过来系在头上，使它曲折附于头顶上，所以也叫作"折上巾"。唐代服饰制度规定，只有君主才能用硬脚幞头。晚唐时候藩镇专权，他们开始僭越用硬脚。本朝幞头有直脚、局脚、交脚、朝天、顺风共五种样式。只有直脚幞头是贵贱的人都使用的。另外，平民所戴的头巾，唐代的人也称作"四脚"，是因为它的两根带子系在脑袋后面，两根带子系在下巴下，利用它劳动的时候不脱落下来的优点。没事做的时候就反折过来系在头顶上。现在的人不再系在下巴下，它们成了摆设。

雌黄粉涂字

原文

馆阁新书净本①有误书处，以雌黄涂之。尝校②改字之法：刮洗则伤纸，纸贴之又易脱，粉涂则字不没，涂数遍方能漫灭。唯雌黄一漫则灭。仍久而不脱。古人谓之铅黄，盖用之有素矣。

注释

①净本：誊清本。
②校：比较。

译文

馆阁新抄录的誊清本有写错的地方，使用雌黄粉涂抹。我曾经比较过几种改字的方法：刮洗会损伤纸，用纸贴上又容易脱落，用粉涂则字迹不能隐没，要涂几遍才能磨灭。唯独用雌黄一涂就漫灭了，而且历久不脱落。古人称校勘书籍为"铅黄"，大概使用这种改字方法由来已久了。

卷二 官政

战 棚

原文

边城守具中有战棚,以长木抗①于女墙②之上,大体类敌楼③。可以离合④,设之顷刻可就,以备仓卒城楼摧坏或无楼处受攻,则急张战棚以监之。梁侯景攻台城,为高楼以临城,城上亦为楼以拒之,使壮士交槊⑤,斗于楼上,亦近此类。预备敌人,非仓卒可致。近岁边臣⑥有议,以谓既有敌楼,则战棚悉可废省,恐讲之未熟也。

注释

①抗:架。
②女墙:城墙上的护墙。
③敌楼:城墙上御敌的城楼。
④离合:此处指能拆卸和安装。
⑤交槊:槊,长矛一类的兵器。交槊,指交战。
⑥边臣:戍守边关的官员。

译文

边城的防守设施中有一种战棚,用长木头架在城墙的护墙上,大体类

似城墙上的敌楼。战棚可以拆卸与安装，安装时顷刻之间就能完成，用来防备城楼突然被摧毁，或者没有城楼的地方受到进攻，就迅速装起战棚对付敌人。梁代侯景进攻台城时，就搭起战楼临近城墙边，城上也搭一座战楼来御敌，派勇士在楼上交战，这是类似战棚一类的东西。防御敌人的进攻，不是匆促间可以准备好的。近年来驻守边城防地的官员议论中认为，既然有了城楼，那战棚就可以都废除了，恐怕这种说法没有经过深思熟虑吧。

驿　传

原文

驿传旧有三等，曰步递、马递、急脚递。急脚递最遽①，日行四百里，唯军兴②则用之，熙宁中，又有金字牌急脚递，如古之羽檄也。以木牌朱漆黄金字，光明炫目，过如飞电，望之者无不避路，日行五百余里。有军前机速处分③，则自御前发下，三省、枢密院莫得与④也。

注释

①遽：快捷。
②军兴：用兵打仗。
③处分：指军事命令或情报。
④与：参与。

译文

用驿站传递文书的方法过去有三种，即步递、马递和急脚递。其中急脚递最快，每天行四百里路，只有战争时才会用到。熙宁年间，又有一种金字牌急脚递，和古代的羽檄相似。把木牌涂上红漆，描上金黄色字样，光亮刺眼，持牌行走的人就像飞电一样闪过，远远望见没有人不急忙让路的，每天行五百多里路。每有需要飞速送往军中紧急执行的命令时，就从皇帝处发下金字牌，连三省、枢密院也无权参与。

范仲淹赈灾

原文

皇祐二年，吴中①大饥，殍殣②枕路，是时范文正领浙西，发粟及募民存饷③，为术甚备。吴人喜竞渡，好为佛事。希文乃纵民竞渡，太守日出宴于湖上，自春至夏，居民空巷出游。又召诸佛寺主首，谕之曰："饥岁工价至贱，可以大兴土木之役。"于是诸寺工作鼎兴。又新敖仓④吏舍，日役⑤千夫。监司奏劾⑥杭州不恤荒政，嬉游不节，及公私兴造，伤耗民力，文正乃自条叙所以宴游及兴造，皆欲以发有余之财，以惠贫者。贸易饮食、工技服力之人，仰食于公私者，日无虑数万人。荒政之施，莫此为大。是岁，两浙唯杭州晏然⑦，民不流徙，皆文正之惠也。岁饥发司农之粟，募民兴利，近岁遂著为令。既已恤饥，因之以成就民利，此先王之美泽也。

注释

①吴中：今江苏苏州一带。
②殍殣：饿死的尸体。
③存饷：赈济灾民。
④敖仓：粮仓。
⑤役：指规模盛大。
⑥劾：弹劾。
⑦晏然：安然无事。

译文

皇祐二年，吴中发生大饥荒，饿死者的尸体遍布道路上。这时范仲淹主管浙西，调发国家粮食并募集民间所存钱物来赈济灾民，救荒的方法极为完备。吴中百姓喜欢比赛划船，爱好做佛事，范仲淹就鼓励百姓多举行龙舟比赛，太守每天出游到西湖上设宴饮酒，从春天到夏天，居民们大规模出外游玩。范仲淹又召集各佛寺的主持，告知他们说："灾荒年间工价最便宜，可趁此时机大力兴建土木工程。"于是各寺院的修建工程都很兴盛。他又新建粮仓和官员宿舍，每天雇用工匠一千多人。监察机关弹劾杭州长官不体恤百姓疾苦，荒于政事，嬉戏游乐而没有节制，以及官府、私家大修房舍，伤耗民间财力。范仲淹于是自己草拟奏章，申述宴饮游乐以及兴修房舍的原因，都是为了调出民间有余的钱财，来救济贫困的人。从事贸易、饮食、工匠、民夫一类的人，仰仗官府、私家过活的，每天大概有几万人。救济灾荒的措施，没有比这更好的了。这一年两浙灾区只有杭州平静无事，百姓没有流亡的，这都是范文正公的恩惠啊！饥荒年岁打开司农寺粮仓的粮食赈济灾民。募集民间财力为地方兴利，近年来已经定为法令。这种措施既赈救了饥荒，又趁此机会为民间谋利，这真是古圣先王的美德啊。

巧合龙门

原文

庆历中,河决北都商胡,久之未塞,三司度支副使郭申锡亲往董作①。凡塞河决垂合,中间一埽②,谓之"合龙门",功全在此。是时屡塞不合。时合楷门埽长六十步,有水工高超者献议,以谓埽身太长,人力不能压,埽不至水底,故河流不断,而绳缆多绝。今当以六十步为三节,每节埽长二十步,中间以索连属之,先下第一节,待其至底空压第二、第三。旧工争之,以为不可,云:"二十步埽,不能断漏。徒用三节,所费当倍,而决不塞。"超谓之曰:"第一埽水信未断,然势必杀半。压第二埽,止用半力,水纵未断,不过小漏耳。第三节乃平地施工,足以尽人力。处置三节既定,即上两节自为浊泥所淤,不烦人功。"申锡主前议,不听超说。是时贾魏公帅北门,独以超之言为然,阴遣③数千人于下流收漉④流埽。既定⑤而埽果流,而河决愈甚,申锡坐谪⑥。卒⑦用超计,商胡方定。

注释

①董作:督促施工。

②埽:大河决堤时,用来抢险护岸堵决口所用的一种材料。

③阴遣:暗中派遣。

④漉:捞取。

⑤既定:这儿指按照原来的方法合龙。

⑥坐谪:因罪贬官。

⑦卒:终于。

译文

庆历年间，黄河在大名府商胡埽决堤，迟迟没能堵塞，三司度支副使郭申锡亲自前去督促施工。大凡堵塞河堤决口，在快合拢的时候放下中间一节埽，称为"合龙门"，工程的成败全在于此。当时多次堵塞决口都没有成功。那时用来合龙门的埽有六十步长，有位名叫高超的水工献计，认为埽身太长了，人的力量压不下去，埽不能沉到水底，所以河流截不断，反而拉断了大部分绳缆。现在应该把六十步的埽分成三段，每段长二十步，中间用绳索连接起来。先压下第一段，等它沉到底之后，再压下第二、第三段。老河工竭力争辩，认为不行，说："二十步长的埽，并不能截断水流，白白填进去三段，浪费的人力物力都要翻倍，可决口还是堵不住。"高超对他们说："压下第一段埽后水流确实不会被截断，但是水势必然减弱一半，压下第二段埽时，只需花一半的力气就够了，水流即使还未完全截断，剩下的也不过是小漏洞罢了。压第三段的时候是平地施工，可以充分发挥人的力量。三段埽都安放完毕，这时前两段自然会被泥砂淤积，就不会再耗费人力了。"郭申锡主张用老办法，不肯采纳高超的建议。当时贾魏公是大名府的最高统帅，唯有他认同高超的建议，暗中派遣数千人到下流捞取被水冲下来的埽。按照原来的方法合龙，埽果然很快就被水冲走，河堤的决口更加大了，郭申锡因此被降职。最终还是采用了高超的办法，商胡埽的决口才被堵住。

食盐产销

原文

　　盐之品至多，前史所载，夷狄间自有十余种，中国①所出，亦不减数十种。今公私能行者四种：一者"末盐"，海盐也，河北、京东、淮南、两浙、江南东西、荆湖南北、福建、广南东西十一路食之。其次"颗盐"②，解州盐泽及晋、绛、潞、泽所出，京畿、南京、京西、陕西、河东、褒、剑等处食之。又次"井盐"，凿井取之，益、梓、利、夔四路食之。又次"崖盐"，生于土崖之间，阶、成、凤等州食之。唯陕西路颗盐有定课③，岁为钱二百三十万缗④。自余⑤盈虚不常，大约岁入二千余万缗。唯末盐岁自抄⑥三百万，供河北边籴；其他皆给本处经费而已。缘边籴买仰给⑦于度支⑧者，河北则海、末盐，河东、陕西则颗盐及蜀茶为多。运盐之法，凡行百里，陆运斤四钱，船运斤一钱，以此为率⑨。

注释

①中国：指我国中原地区。

②颗盐：颗粒粗大的盐。这里指池盐。

③定课：税收的定额。

④缗：古代穿铜钱的绳子，这里指成串的钱，一千文为一缗。

⑤自余：除此之外。

⑥自抄：从中提取。

⑦仰给：依靠朝廷供给。

⑧度支：宋代掌管财政的机构。

⑨率：标准、比率。

译文

　　盐的种类很多，以前史书记载，周围少数民族地区就有十多种，中原地区产的盐，也不少于几十种。现在官营、私营的盐有四种：一种是"末盐"，就是海盐，河北、京东、淮南、两浙、江南东西两路、荆湖南北两路、福建、广南东西两路等共十一路的人食用。其次是"颗盐"，解州盐泽及晋州、绛州、潞州、泽州等地出产，京畿、南京、京西、陕西、河东、褒、剑等地的人食用。再次是"井盐"，是打井开采出来的，益州、梓州、利州、夔州四路的人食用。还有一种是"崖盐"，是在土崖之间出产出来的，阶州、成州、凤州等州的人食用。只有陕西路的颗盐有税收的定额，每年的税款是二百三十万贯。除此之外税额多少不一，大约一年的税收是二千多万贯。只有末盐税每年从中提取三百万，供河北边防地区买粮，其他地区的盐税都给本地作经费使用。沿边地区买粮食的钱要靠中央财政机构支付，河北路就用官卖海盐的收入，河东、陕西两路则以池盐和蜀茶的税收为主。运盐的方法，凡是走一百里，陆运每斤收四文，船运每斤一文，以此作为收费标准。

红光验尸

原文

太常博士李处厚知①庐州慎县，尝有殴人死者，处厚往验伤，以糟䐈②灰汤之类薄③之，者无伤迹。有一老父求见曰："邑之老书吏也，知验伤不见其迹，此易辨也。以新赤油伞日中覆之，以水沃④其尸，其迹必见。"处厚如其言，伤迹宛然⑤。自此江，淮之间官司往往用此法。

注释

① 知：掌管。
② 糟䐈：肉块。
③ 薄：涂抹。
④ 沃：泼。
⑤ 宛然：明显的样子。

译文

太常博士李处厚担任庐州慎县县令时，曾经有人因斗殴致死，李处厚前去验伤，把尸体涂上糟肉灰汤之类的东西后，死者身上没有发现伤痕。有一个老人求见说："我是县里的老书吏，听说大人检验尸体发现不了伤痕，这伤痕还是容易辨认的。用新红油伞在正午的阳光下遮着尸体，再将水浇到尸体上，伤痕必然会显露出来。"李处厚照他说的办法，果然清楚地发现了伤痕。从此江、淮一带官府验尸，往往采用这种方法。

钱塘江堤

原文

钱塘江,钱氏时为石堤,堤外又植大木十余行,谓之"滉柱"①。宝元、康定间,人有献议取滉柱,可得良材数十万。杭帅以为然。既而旧木出水,皆朽败不可用。而滉柱一空,石堤为洪涛所激,岁岁摧决。盖昔人埋柱以折其怒势,不与水争力,故江涛不能为患。杜伟长为转运使,人有献说,自浙江税场②以东,移退数里为月堤③,以避怒水。众水工皆以为便,独一老水工以为不然,密谕其党曰:"移堤则岁无水患,若曹何所衣食?"众人乐其利,乃从而和之。伟长不悟其计,费以钜万,而江堤之害,仍岁有之。近年乃讲月堤之利,涛害稍稀。然犹不若滉柱之利,然所费至多,不复可为。

注释

①滉柱:竖立在堤岸外的深水水柱,可以减弱潮水对堤岸的冲击。

②浙江税场:指当时设在杭州的两浙路盐场。

③月堤:一种圆弧形大堤,其形状类似初生的月亮,故称为月堤。

译文

钱塘江在五代吴越国钱氏统治时修筑了石堤,堤外又立了十多行大木柱,称为"滉柱"。宝元、康定年间,有人建议把滉柱取出来,可以得到几十万根好木材。当时杭州的主帅认为这是个好主意。不久旧木桩从水里取出来了,发现全都腐朽不能再用。然而滉柱一取走,石堤被波涛冲击,年年都被摧垮。大概前人埋滉柱是为了减少波涛威猛的势头,使石堤不和水直接冲撞,因而江涛不会成为隐患。杜伟长担任转运使的时候,有人献

策说，从浙江盐场以东，退后数里修建一道月牙形石堤，可以避开汹涌的潮水。水工们都认为有道理，唯独一个老水工不同意，暗地里告诉他的同伴们："移动石堤则每年都不会再有水患了，你们靠什么来穿衣食饭？"水工们都希望自己得到好处，就跟着附和这个老水工的意见。杜伟长没有看穿他们的计谋，花费上万的巨款修补现有石堤，但是江堤溃决的灾害仍然年年都有发生。近年来认可了月堤的好处，修建后江涛带来的危害稍稍有所减少。但是仍然不如立滉柱那么多好处，但若要立滉柱则花费太多，不可能再修建了。

吏　禄

原文

天下吏人，素无常禄，唯以受赇①为生，往往致富者。熙宁三年，始制天下吏禄，而设重法以绝请托②之弊。是岁，京师诸司岁支③吏禄钱三千八百三十四贯二百五十四。岁岁增广④，至熙宁八年，岁支三十七万一千五百三十三贯一百七十八。自后增损不常皆不过此数，京师旧有禄者，及天下吏禄，皆不预此数。

注释

①受赇：赇，贿赂。爱人请托而收受财物。
②请托：以托事相托、走门路。
③岁支：每年支取。
④增广：增加。

译文

普天下在官府、衙门办事的人员，向来没有固定的俸给，只能靠接受贿赂作为生活收入来源，往往能够成为富裕的人。熙宁三年，才开始制定这些吏人的俸禄制度，设定了严厉的刑法来杜绝行贿走后门这类弊病。这一年，京师各司支取给吏人的俸禄共三千八百三十四贯二百五十四文钱。每年都有所增加，到熙宁八年，那年共支取三十七万一千五百三十三贯一百七十八文钱。从那以后，每年增减不定，但都没有超过这个数字，京师原来有俸给的吏人和全国各地吏人的俸给，都不包括在这个数内。

卷三　权智

陵州盐井

原文

　　陵州盐井，深五百余尺，皆石也。上下甚宽广，独中间稍狭，谓之杖鼓腰①。旧自井底用柏木为干②，上出井口，自木干垂绠③而下，方能至水。井侧设大车绞之。岁久，井干摧败，屡欲新之，而井中阴气④袭人，入者辄死，无缘措手。惟候有雨入井，则阴气随雨而下，稍可施工，雨晴复止。后有人以⑤一木盘，满中贮水，盘底为小窍，酾⑥水一如雨点，设于井上，谓之雨盘，令水下终日不绝。如此数月，井干为之一新，而陵井之利复旧。

注释

　　①杖鼓腰：古代的一种敲击乐器，在木头框架上蒙上皮革制成，两端粗，中间细窄，形状与现代朝鲜族乐器长鼓相似。

　　②干：这里指在盐井四周层层叠架而上，用以加固井壁，防止土石垮落的木框架。

　　③绠：绳索。

　　④阴气：指盐井中产生的有毒气体。

　　⑤以：制造。

⑥酾：滤酒，这里指洒水。

陵州盐井有五百多尺深，井壁全是岩石，井口和井底都很宽广，只有中部较为狭窄，称为杖鼓腰。旧时用柏木柱作干支撑井壁，从井底一直到井口外，从木干上放下绳索，才能到达水面。在井旁还安置了大绞车绞动绳索。时间一长，井干朽烂，多次想要换新的，但是井中毒气袭人，人一下去就会死，无法下井施工。只有等到下雨的时候进井，那时毒气随着雨水下沉，才略微可以施工，一旦天晴就要停止。后来有人制造了一个大木盘，里面装满水，盘底凿了许多小孔，让水像雨点似的洒到井中，安设在井口上，称为雨盘，让清水整天不停地洒下。这样连续几个月，井干全部换新，陵州盐井又发挥了原有的作用。

颡叫子

原文

世人以竹、木、牙、骨之类为叫子,置人喉中吹之,能作人言,谓之"颡叫子"。尝有病喑①者,为人所苦,烦冤无以自言。听讼②者试取叫子令颡之,作声如傀儡子,粗能辨其一二,其冤获申③。此亦可记也。

注释

①喑:哑。
②讼:诉讼。
③申:恢复的意思。

译文

人们用竹子、木头、象牙、兽骨之类器材做成哨子,放在人的喉咙里吹,能发出与人说话类似的声音,被称做"嗓叫子"。曾有一个喉咙哑了不能说话的人,被人害苦了,内心的烦恼冤屈却说不出来。听诉讼的人试着拿一个嗓叫子让他放在喉中,发出的声音好像木偶说话,能粗略地分辨其中一二成意思,他的冤屈因而得到了伸雪。这件事也值得记录下来。

驯养山鹧

原文

《庄子》曰:"畜虎者不与全物、生物。"此为诚言。尝有人善调①山鹧,使之斗,莫可与敌。人有得其术者,每食则以山鹧皮裹肉哺②之,久之,望见其③鹧,则欲搏④而食之。此以所养移⑤其性也。

注释

①调:调教驯养。
②哺:喂养。
③其:其他。
④搏:捕捉。
⑤移:改变。

译文

《庄子》说:"养老虎的人不给老虎吃完整的或活的动物。"这是很有道理的话。曾经有一个很会调教驯养山鹧人,让它和别的鹧鸪争斗,没有能敌得过它的。有人学到了他的方法,每次喂食时都把肉裹上山鹧皮喂它,时间长了,它看见其他鹧鸪,就想捕捉来吃掉,这就是通过驯养来改变山鹧的习性。

狄青出奇兵

原文

宝元中，党项犯塞，时新募万胜军，未习战阵，遇寇多北①。狄青为将，一日尽取万胜旗付虎翼军，使之出战。虏望其旗，易之，全军径②趋，为虎翼所破，殆无遗类。又青在泾原，尝以寡当众，度③必以奇胜。预④戒军中，尽舍弓弩，皆执短兵器。令军中：闻钲一声则止；再声则严阵而阳却⑤；钲声止则大呼而突之。士卒皆如其教。才遇敌，未接战，遽⑥声钲，士卒皆止；再声，皆却。虏人大笑，相谓曰："孰谓狄天使勇？"时虏人谓青为"天使"。钲声止，忽前突之，虏兵大乱，相蹂践死者，不可胜计也。

注释

①北：战败。

②径：一直。

③度：考虑到。

④预：事先。

⑤阳却：装着退却。

⑥遽：立即。

译文

宝元年间，党项常常侵犯边境。当时刚刚招募的"万胜军"还没有经过作战阵法的演习，与敌人作战经常败北。狄青当了将领，有一天。把万胜军的旗帜全部交给虎翼军，让他们出战迎敌。敌人望见这些旗帜，认为容易对付，全军径直冲过来，结果被虎翼军打败，兵士大概所剩无几了。

另一次，狄青在泾原带兵，曾经要以少数兵力抵挡人数众多的敌人，思虑到必须用计谋才能取胜。事先告诫全军都放下弓箭，一律使用短兵器，传令全军，听到一声钲响就停止前进，听到第二声就严整阵容假装撤退，钲声一停，就高喊着冲向敌人。士兵们都像他要求的那样上阵。刚一道遇敌人，还没有接火。钲声立刻响了起来，士兵们都停止前进；第二次钲声响起，又都撤退。敌人大笑，互相说："谁说狄青是天使神勇？"当时敌人称狄青为"天使"。钲声突然停止，士兵们一下子冲向敌人，敌兵阵脚大乱，互相踩踏致死的不计其数。

任 术

原文

予友人有任术者,尝为延州临真尉,携家出宜秋门。是时茶禁甚严。家人怀①越茶数斤,稠人中马惊,茶忽坠地。其人阳惊②,回身以鞭指城门鸱尾。市人莫测,皆随鞭所指望之,茶囊已碎于埃壤矣。监司尝使治地讼,其地多山,险不可登,由此数为讼者所欺③。乃呼讼者告之曰:"吾不忍尽尔,当贳④尔半。尔所有之地,两亩止供一亩,慎不可欺,欺则尽覆入官矣。"民信之,尽其所有供半。既而指一处覆⑤之,文致其参差处,责之曰:"我戒⑥尔无得欺,何为见负?今尽入尔田矣。"凡供一亩者,悉作两亩收之,更无一犁得隐者。其权数多此类。其为人强毅恢廓⑦,亦一时之豪也。

注释

①怀:装在怀中。

②阳惊:假装受惊。

③欺:隐瞒。

④贳:放宽。

⑤覆:核查。

⑥戒:告诫。

⑦恢廓:豁达。

译文

我朋友中有一个懂得随机应变的人,他曾经任职过延州临真县尉,有一次带着家人出宜秋门。那时茶禁很严,他的仆人怀揣着几斤越地产的茶叶，马在稠密的人丛中受到惊吓，茶叶忽然间掉到地上。他假装受惊，转身用马鞭指着城门上的鸱尾。街上的人不知发生了什么事，都顺着马鞭指的方向望去，茶叶已经被踩碎到泥土中了。官署曾经委派他处理有关地税的案子，因为当地山多，地势险峻难以实地考察，所以总是被逃税的人欺瞒。于是他对逃税的人说："我不忍心把你们的土地全部算上，可以放宽你们一半。你们所有的土地，两亩只用上交一亩的税，千万不可再欺瞒了，否则就要核清全部土地收税了。"当地人信以为真，就按全部土地的一半报了上去。过了不久，他指定对其中一块地进行复核，故意挑出和申报数目不相符的地方后，责备说："我告诫过你不要欺瞒，为什么不听劝告呢？现在只好按你的全部土地征税了。"凡是报一亩的，都按两亩收税，再没有一点土地能够隐瞒。他随机应变的本领大多如此。他为人刚强而又豁达，也算得上当时的豪杰了。

诈 术

原文

濠州定远县一弓手，善用矛，远近皆伏①其能。有一偷，亦善击刺，常蔑视官军，唯与此弓手不相下，曰："见必与之决生死。"一日，弓手者因事至村步，适值偷在市饮酒，势不可避，遂曳矛而斗。观者如堵墙。久之，各未能进。弓手忽谓偷曰："尉至矣。我与尔皆健②者，汝敢与我尉马前决生死乎？"偷曰："诺。"弓手应声刺之，一举而毙，盖乘其隙也。又有人曾遇强寇斗，矛刃方接，寇先含水满口，噀③其面。其人愕然，刃已揕④胸。后有一壮士复与寇遇，已先知噀水之事。寇复用之，水才出口，矛已洞⑤颈。盖已陈刍狗⑥，其机已泄，恃胜失备，反受其害。

注释

①伏：佩服。

②健：壮士。

③噀：吐出。

④揕：刺到。

⑤洞：戳穿。

⑥陈刍狗：指显示出小伎俩。

译文

濠州定远县有一个弓箭手，善于使用长矛，远近的人都佩服他的本领。有一个小偷也善于击刺，一直瞧不起官府的军队，只与这位弓箭手不相上下。他说："只要见到弓箭手，我一定要和他决一生死。"有一天，弓箭手有事来到村里，正好那小偷在市集喝酒，二人不可回避了，就拿长矛打斗起来。观看的人像墙一样密密围着。斗了很久，两人都不能取胜。弓箭手对小偷说："校尉来了。我与你都是壮士，你敢和我到校尉的马前决战吗？"小偷答道："行。"弓箭手应声刺去，一下子就刺死了小偷，大概就是利用了他回答时分神的空子。还有一件事，有人曾遇到强盗和人打斗。长矛刚刚碰到的时候，强盗事先已含了一口水，忽然喷到对手的脸上。这人非常惊愕，彼时强盗的矛尖已刺进了他的胸膛。后来有一个壮士又一次与强盗相遇，已预先知道强盗喷水的伎俩，强盗还是用这个办法，他的水才出口，壮士的矛已经刺穿了他的喉咙。因为他已经显示过微不足道的本事，他的机巧已经泄露，想靠这一下子取胜而没有防备，反而遭到杀害。

雷简夫移巨石

原文

陕西因洪水下①大石,塞山涧中,水遂横流为害。石之大有如屋者,人力不能去,州县患②之。雷简夫为县令,乃使人各于石下穿③一穴,度④如石大,挽⑤石入穴窨之,水患遂息也。

注释

①下:向下冲刷。
②患:担心。
③穿:挖掘。
④度:估计、大约。
⑤挽:引导。

译文

陕西因为洪水冲下一块大石头,堵在山涧中,导致水横流出去造成灾害。石头大到像一间屋子,人力移动不了它,州县官员为这件事担忧。雷简夫是那里的县令,就派人在石头下面挖一个洞穴,估计有石头那样大时,把石头引入洞里,水害就平息了。

潴水为塞

原文

瓦桥关北与辽人为邻，素无关河为阻。往岁六宅使何承矩守瓦桥，始议因陂泽之地，潴水①为塞。欲自相视，恐其谋泄。日会僚佐，泛船置酒赏蓼花，作《蓼花游》数十篇，令座客属和；画以为图，传至京师，人莫喻其意。自此始壅诸淀②。庆历中，内侍杨怀敏复踵③为之。至熙宁中，又开徐村、柳庄等泺④，皆以徐、鲍、沙、唐等河、叫猴、鸡距、五眼等泉为之原，东合滹沱、漳、淇、易、白等水并大河。于是自保州西北沈远泺，东尽沧州泥枯海口，几八百里，悉为潴潦⑤，阔者有及六十里者，至今倚为藩篱⑥。或谓侵蚀民田，岁失边粟之入，此殊不然。深、冀、沧、瀛间、惟大河、滹沱，漳水所淤，方为美田；淤淀不至处，悉是斥卤⑦，不可种艺⑧。异日惟是聚集游民，乱碱煮盐，颇干⑨盐禁，时为寇盗。自为潴泺，奸盐遂少。而鱼蟹菰苇之利，人亦赖⑩之。

注释

①潴水：蓄水。

②壅诸淀：壅，堵塞。淀，浅的湖泊。

③复踵：接着，追随。

④泺：湖泊。

⑤潦：积水。

⑥藩篱：屏障的意思。

⑦斥卤：盐碱地。

⑧种艺：种庄稼。

⑨干：违犯。

⑩赖：依靠。

译文

瓦桥关北面与辽国为邻的地方，一直没有可供防守的关河险要。前些年六宅使何承矩驻守瓦桥关，才开始建议利用低洼的地方，蓄水作为边防屏障。他原打算亲自去察看地形，但又担心计谋泄露，于是每天会聚幕僚属下，泛舟饮酒观赏蓼花，写下几十首《蓼花游》，要求在座宾客写诗唱和，又绘成图画。传到京城，人们都不明白他的意图。从此以后，何承矩便开始了拦截湖泊筑堤蓄水的工程。庆历年间，内侍杨怀敏接着进行这项工程。到熙宁年间，又开挖徐村、柳庄等水塘，引来徐河、鲍河、沙河、唐河等河水，以及叫猴泉、鸡距泉、五眼泉等处的水源，往东汇合滹沱河、漳河、淇河、易水、白水等河流，下游并入黄河。于是从保州西北方的沈远泺起，往东直到沧州泥枯海口入海，差不多八百里的地方都成了新开挖的水泊，水面最宽阔的地方有六十里，到现在还被倚赖为边防屏障。有人认为这样做侵占了农田，减少了每年边疆粮草的收入，这种说法很不对。其实深州、冀州、沧州、瀛州一带，只有黄河、滹沱河、漳河淤灌到的地方，才能成为良田。河水淤灌不到的地方，全是盐碱地，不能种植庄稼。以前这里仅是聚集众多游民，刮取碱土煮盐，屡屡违犯朝廷关于贩卖私盐的禁令，有时甚至聚众抢劫。自从成为水泊之后，违禁煮盐的事就减少了，有了鱼、蟹、茭白、芦苇之类的东西，老百姓也可赖以为生。

苏昆长堤

原文

苏州至昆山县凡六十里，皆浅水，无陆途，民颇病涉①。久欲为长堤，但苏州皆泽国，无处求土。嘉祐中，人有献计，就水中以葭苇刍稿②为墙，栽两行，相去三尺。去墙六丈又为一墙，亦如此。漉水中淤泥实葭苇中，候干③，则以水车畎④去墙之间旧水，墙间六丈皆土，留其半以为堤脚，掘其半为渠，取土以为堤，每三四里则为一桥，以通南北之水。不日堤成，至今为利。

注释

①病涉：因涉水而感到苦恼。
②葭苇刍稿：葭苇，粗的竹席。刍稿，为牲畜的干草。
③候干：等淤泥干后。
④畎：排水。

译文

苏州到昆山县共六十里，全都是浅水，没有陆路，百姓都因往来涉水感到不便。很久以来就打算修筑长堤，但苏州是水乡，没有地方取土。嘉祐年间，有人建议，在水中用粗竹席、干草等做成墙，排成两行，相距三尺。离墙六丈远的地方再做成同样的墙。捞起水中淤泥填在粗竹席做的墙中，等淤泥干了，就用水车排去两道墙中间的积水，墙中间六丈宽的地方都是泥土了。留下其中一半作为堤基，把它的另一半挖成河渠，用挖出来的土筑堤。每隔三四里修一座桥，来沟通南北两侧的水流。不久堤就修好了，到现在还给人们提供交通之便。

李允则修城

原文

李允则守雄州，北门外民居极多，城中地窄，欲展北城，而以辽人通好，恐其生事，门外旧有东岳行宫，允则以银为大香炉，陈于庙中，故不设备。一日，银炉为盗所攘①，乃大出募赏，所在张榜，捕贼甚急。久之不获，遂声言庙中屡遭寇②，课夫③筑墙围之。其实展北城也，不逾旬而就，虏人亦不怪之，则今雄州北关城是也。大都军中诈谋，未必皆奇策，但当时偶④能欺敌，而成奇功。时人有语云："用得着，敌人休；用不着，自家羞。"斯言诚然。

注释

①攘：偷走。
②寇：偷抢。
③课夫：督促老百姓。
④偶：偶尔。

译文

李允则镇守雄州时，北门外有很多民居，由于城中地面狭窄，他打算向北扩展城墙，又因为正与辽国发展友好关系，担心惹出其他事来。北门外原来有一座东岳行宫庙，李允则用银子做成一个大香炉，摆放在庙里，故意不派人守卫。有一天，银香炉被盗贼偷走，他就四处张榜悬赏捉拿盗贼，并派人加紧搜捕。他又声言寺庙里多次遭到偷抢，督促民众筑一道墙把庙围起来，其实是扩展了北边的城墙，不到十天就完工了，辽国人也不感到奇怪，那就是现在雄州的北关城。大体上说来，军事上的机谋，未必都是奇异的策略，只要当时偶尔能够骗过敌人，就能成为奇功。

智擒盗贼

原文

陈述古密直知建州浦城县日,有人失物,捕得莫知的①为盗者。述古乃绐②之曰:"某庙有一钟,能辨盗,至灵!"使人迎置后阁祠之,引群囚立钟前,自陈不为盗者,摸之则无声;为盗者摸之则有声。述古自率同职,祷钟甚肃,祭讫,以帷围之,乃阴使人以墨涂钟,良久,引囚逐一令引手入帷摸之,出乃验其手。皆有墨,唯有一囚无墨,讯之,遂承为盗。盖恐钟有声,不敢摸也。此亦古之法,出于小说。

注释

①的:确切、真正。
②绐:欺骗。

译文

枢密直学士陈述古担任建州浦城县令时,有人被盗,抓了一些嫌疑犯,但是不知哪个是真正的盗贼。于是陈述古骗他们说:"某个寺庙里有个大钟,能够辨认盗贼,非常灵验!"派人把钟抬来后放在后面的阁楼里加以祭祀,带这群嫌疑犯站在钟前,告诉他们,如果不是盗贼,摸钟就不会发出声音;如果是盗贼,摸它就会出声。陈述古率领县衙官吏们,十分庄重肃穆地向大钟祈祷,祭祀完毕后,用帷幕把钟围起来,又暗中派人把钟涂抹上墨汁,过了很久,领着嫌疑犯们逐一伸手进帷幕中去摸钟,出来再检查他们的手。每个人的手上都有墨迹,只有一个犯人没有,经过审讯,他承认自己就是盗贼。因为害怕摸钟后发出声响,不敢摸它。这也是古代的破案方法,出自小说。

种世衡用间谍

原文

宝元中,党项犯边,有明珠族首领骁悍,最为边患。种世衡为将,欲以计擒之。闻其好击鼓,乃造一马,持战鼓,以银裹之,极华焕,密使谍者阳卖之入明珠族。后乃择骁卒数百人,戒之曰:"凡见负银鼓自随者,并力擒之。"一日,羌酋负鼓而出,遂为世衡所擒,又元昊之臣野利,常为谋主,守天都山,号天都大王,与元昊乳母白姥有隙①。岁除日,野利引兵巡边,深涉汉境数宿,白姥乘间乃谮②其欲叛,元昊疑之。世衡尝和蕃酋之子苏吃曩,厚遇之。闻元昊尝赐野利宝刀,而吃曩之父得幸③于野利。世衡因使吃曩窃野利刀,许之以缘边职任、锦袍、真金带。吃曩得刀以还。世衡乃唱言野利已为白姥谮死,设祭境上,为祭文,叙岁除日相见之欢。入夜,乃火烧纸钱,川中尽明,虏见火光,引骑近边窥觇,乃佯委祭具,而银器凡千余两悉弃之。虏人争取器皿,得元昊所赐刀,乃火炉中见祭文已烧尽,但存数十字。元昊得之,又识其所赐刀,遂赐野利死。野利有大功,死不以罪,自此君臣猜贰,以至不能军④。平夏之功,世衡计谋居多,当时人未甚知之。世衡卒,乃录其功,赠观察使。

注释

①有隙:不和的意思。
②谮:诬陷。
③得幸:受人的偏爱。
④军:作战。

译文

宝元年间,党项人侵犯边境,有个明珠族首领骁勇凶悍,是边境上最大的祸患。种世衡任戍边将领，打算设计将他抓获。听说他喜欢击鼓，于是造了一面在马背上用的战鼓，用银子装饰四周，特别华丽炫目，种世衡暗中派间谍将那面鼓故意卖给了明珠族。随后，他挑选几百个英勇善战的士兵，告诫他们说："凡是看到身背银鼓的人，就合力抓他回来。"有一天，明珠族首领背着银鼓出来，就被种世衡擒获了。还有一件事，元昊的大臣野利，常常为元昊出谋策划，他驻守在天都山，号称天都大王，和元昊的乳母白姥不和。这年除夕，野利率兵巡查边境，深入汉人境内住了几天，白姥乘机向元昊诬告野利打算谋反，于是元昊对他起了疑心。种世衡曾经收留过某部落酋长的儿子苏吃曩，并且对他很好。听说元昊曾赐给野利一把宝刀，而苏吃曩的父亲得到野利的偏爱，种世衡就指使吃曩去偷野利的宝刀，答应事成后让他在边区做官，并送他锦袍和真金带。吃曩偷到宝刀后，种世衡随即谎称野利已经被白姥进谗言害死，就在边境上设祭祀，撰写祭文，叙述除夕那天相见时的欢乐情景。到晚上，就用火焚烧纸钱，把整个平川都照亮了。元昊的士兵见到火光，骑着马到边境周围暗中察看。于是种世衡假装丢下祭奠品，连带几千两银器都抛掉。元昊的兵士争抢器皿，发现了元昊赐给野利的宝刀，又到火炉中见到祭文烧得差不多了，只剩下几十个字。元昊见到这些东西，又认出了他赐给野利的宝刀，就命令野利自杀。野利因为曾立有大功，死不认罪。从此君臣之间相互猜疑，以至于不能指挥作战。在平定西夏的功劳中，种世衡的计谋用得最多。当时人们对此并不很了解。直到种世衡死后，才追录他的功劳，封赠他为观察使。

卷四　艺文

欧阳修评林逋诗

原文

欧阳文忠常爱林逋诗"草泥行郭索，云木叫钩辀"之句。文忠以谓语新而属对亲切。钩辀①，鹧鸪声也，李群玉诗云："方穿诘曲崎岖路，又听钩辀格磔声。"郭索，蟹行貌也。扬雄《太玄》曰："蟹之郭索，用心躁也。"

注释

①辀：古时小车居中一木曲而上者叫作辀，此处钩辀为象声词。

译文

欧阳修非常喜欢林逋诗中的"草泥行郭索，云木叫钩辀"这一句，认为用语清新而且上下句非常对应。钩辀，鹧鸪鸣叫发出的声音，李群玉有诗云："方穿诘曲崎岖路，又听钩辀格磔声。"郭索，螃蟹行走的样子。扬雄的《太玄》里写："蟹之郭索，用心躁也。"

对　句

原文

韩退之集中《罗池神碑铭》有"春与猿吟兮秋与鹤飞"，今验石刻，乃"春与猿吟兮秋鹤与飞。"古人多用此格，如《楚辞》："吉日兮辰良"，又"蕙肴蒸兮兰藉，奠桂酒兮椒浆"。盖欲相错成文①，则语势矫健耳。杜子美诗："红饭啄余鹦鹉粒，碧梧栖老凤凰枝。"此亦语反而意全②。韩退之《雪诗》："舞镜鸾窥沼，行天马度桥。"亦效此体，然稍牵强，不若前人之语浑成③也。

注释

①相错成文：通过词序倒装组成文章。
②语反而意全：词语颠倒，意思完整。
③浑成：浑然天成，没有雕琢的痕迹。

译文

韩愈收集整理的《罗池神碑铭》中有一句"春与猿吟兮秋与鹤飞"，现在在石刻上得到验证，应该是"春与猿吟兮秋鹤与飞"。古人常常用这样的句子格式，如《楚辞》中有，吉日兮辰良"，还有"蕙肴蒸兮兰藉，奠桂酒兮椒浆"。大概是为了通过词序倒装来组成文章句式，语言读来就会觉得气势矫健。杜甫的诗中有"红饭啄余鹦鹉粒，碧梧栖老凤凰枝"。这也是句子中词语颠倒，但是意思完整的例子。韩愈的《雪诗》中有："舞镜鸾窥沼，行天马度桥。"也是效仿这样的文体，但是稍微有些牵强，不如前人用语那样浑然天成，毫无雕琢的痕迹。

小诗求工

原文

诗人以诗主①人物，故虽小诗，莫不埏蹂②极工而后已。所谓旬锻月炼者，信非虚言。小说崔护《题城南诗》，其始曰："去年今日此门中，人面桃花相映红。人面不知何处去，桃花依旧笑春风。"后以其意未全，语未工，改第三句曰："人面只今何处在。"至今传此两本，唯《本事诗》作"只今何处在。"唐人工诗，大率多如此，虽有两"今"字，不恤③也，取语意为主耳，后人以其有两"今"字，只多行前篇。

注释

①主：以……为主要。
②埏蹂：埏，造瓦的形状。蹂，践踏。埏蹂，指锤炼加工润色。
③恤：体恤、顾惜。

译文

诗人写诗以表现人物为主，所以即使是写小诗，没有不是极尽锤炼润色达到工整之后才罢休的。所谓的十天半月反复锤炼，相信决不是假话。小说里所记载的崔护《题城南诗》，开始的原稿写作："去年今日此门中，人面桃花相映红。人面不知何处去，桃花依旧笑春风。"后来认为意思不完全，而用语还不够工整，把第三句改做："人面只今何处在。"流传到现在有这样两个版本，只有《本事诗》记载为"只今何处在。"唐朝时候的诗人讲究诗歌意思表达完整，大多像这样，虽然一首诗中会出现两个"今"字，仍然不惜进行改动。后人因为这个版本里有两个"今"字，大多只流传前一个版本。

"右文"说

原文

　　王圣美治字学，演其义以为"右文"。古之字书，皆从"左文"。凡字，其类①在左，其义②在右。如木类，其左皆从木。所谓"右文"者，如"戋"，小也，水之小者曰"浅"，金之小者曰"钱"，歹③而小者曰"残"，贝之小者曰"贱"④。如此之类，皆以"戋"为义也。

注释

　　①类：指汉字的意义类别，在现代文字学中应称作"意符"。
　　②义：指某一汉字的具体意义，与上文的"类"相对。
　　③歹：去肉的残骨。
　　④"贝之小者"句：古时以贝壳作为货币流通，贝壳的大小可以衡量价值的大小，所以小贝壳称"贱"。

译文

　　王圣美研究文字学，推演文字的意义创立了"右文"。古代的文字，意义都是从"左文"。凡是文字，它们表示类别的在左边，表示意义的在右边。比如和树木相关的一类字，它们的左边从木。所谓的"右文"，如"戋"是小的意思，小的水流就叫作"浅"，小的金属就叫作"钱"，小的骨头就叫作"残"，小的贝壳就叫作"贱"。像这样的一类字，都是把"戋"作为自己的意义。

王圣美读《孟子》

原文

　　王圣美为县令时，尚未知名，谒①一达官，值其方与客谈《孟子》，殊②不顾③圣美。圣美窃哂④其所论。久之，忽顾圣美曰："尝读《孟子》否？"圣美对曰："本生爱之，但都不晓其义。"主人问："不晓何义？"圣美曰："从头不晓。"主人曰："如何从头不晓？试言之。"圣美曰："'孟子见梁惠王'，已不晓此语。"达官深讶之，曰："此有何奥义？"圣美曰："既云孟子不见诸侯，因何见梁惠王？"其人愕然无对。

注释

　　①谒：进见、拜见。
　　②殊：都、全。
　　③顾：回看、理睬。
　　④窃哂：私下讥笑。

译文

　　王圣美做县令的时候，还没有出名，他去拜见一位显贵的官员，正碰上官员在与客人谈论《孟子》，全都不理睬圣美。王圣美私下讥笑他们谈论的内容。过了很久，官员忽然回头看着王圣美说："你曾经读过《孟子》吗？"王圣美回答说："我平生喜欢《孟子》，但是一直不明白它的意思。"主人问道："不明白什么意思？"王圣美回答说："从头开始都不知道。"主人问："怎么从头都不知道？你试着说一下。"王圣美说："'孟子见梁惠王'，已经不明白这句话了。"达官对此十分诧异，说："这里面有什么深奥的道理吗？"王圣美说："既然说孟子不见诸侯，为什么去见梁惠王呢？"其他人突然怔住无言以对。

书之阙误

原文

书之阙误①，有可见于他书者。如《诗》："天夭是椓。"《后汉蔡邕传》作"天夭是加"，与"速速方榖"为对。又"彼岨矣岐，有夷之行。"《朱浮传》作"彼扰者岐，有夷之行。"《坊记》："君子之道，譬则坊焉。"《大戴礼》："君子之道，譬扰坊焉。"《夬卦》："君子以施禄及下，居德则忌。"王辅嗣曰："居德而明禁。"乃以"则"字为"明"字也。

注释

①阙误：阙，通缺。阙误，缺漏与谬误。

译文

书上有缺漏谬误的地方，可以在其他书里看到。如《诗经》中有："天夭是椓。"《后汉蔡邕传》中写作"天夭是加"，与"速速方榖"相对应。《诗经》中还有"彼岨矣岐，有夷之行。"《朱浮传》中写作"彼扰者岐，有夷之行。"《坊记》中有："君子之道，譬则坊焉。"《大戴礼》中写作："君子之道，譬扰坊焉。"《夬卦》中有："君子以施禄及下，居德则忌。"王辅嗣说："居德而明禁。"是把"则"字当作"明"字了。

论小律诗

原文

小律诗①虽末技②,工之不造微③,不足以名家。故唐人皆尽一生之业为之,至于字字皆炼,得之甚难。但患观者灭裂④,则不见其工,故不唯为之难,知音亦鲜。设有苦心得之者,未必为人所知。若字字是,皆无瑕可指。语意亦掞丽⑤,但细论无功,景意纵全,一读便尽,更无可讽味。此类最易为人激赏,乃诗之《折杨》《黄华》⑥也。譬若三馆⑦楷书作字,不可谓不精不丽,求其佳处,到死无一笔,此病最难为医也。

注释

①小律诗:指三韵六句的律诗。

②末技:微末的技艺。

③造微:造,达到。造微,达到微妙的境界。

④灭裂:断裂的意思,引申为粗率不精通。

⑤掞丽:掞,通炎,光亮的样子。掞丽,指光耀华美。

⑥《折杨》《黄华》:是古代俗曲中的小曲。

⑦三馆:唐代有宏文、崇文、国子三馆,宋代有广文、太学、律学三馆,都是学子肆业的场所。

译文

小律诗虽然是微末的技艺,但如果小律诗的工整无法达到微妙的境界,是不足以成为诗中名家的。所以唐代诗人都穷尽一生的精力在小律诗上,要达到字字都经过锤炼是非常困难的。又担心阅读者粗鄙,对于小律诗并不精通,则看不出诗中工整之处。所以对于小律诗而言不仅仅是难写好，知音也很少。即便有殚精竭虑而得的佳句，也未必被人所欣赏。如果字字都是锤炼后方得，则没有瑕疵可以指责。词语意思都光耀华美，但仔细推敲起来并没有好处可言，写景和意境纵然周全完备，读一遍就完了，毫无意味可以咂摸。这类诗最容易被人所赞赏，是诗中的《折杨》《黄华》。例如三馆中用楷书写字。不可谓不精致华丽，要在其中找到绝佳的字，始终无法找到一笔，这是最难医的病。

《比红儿诗》

原文

　　杨大年奏事,论及《比红儿诗》,大年不能对,甚以为恨①。遍访《比红儿诗》,终不可得。忽一日,见鬻故书②者有一小编,偶取视之,乃《比红儿诗》也。自此士大夫始多传之。予按《摭言》,《比红儿诗》乃罗虬所为,凡百篇,盖③当时但传其诗而不载名氏,大年亦偶忘《摭言》所载。

注释

①恨:遗憾。
②鬻故书:卖旧书。
③盖:大概。

译文

　　杨大年在奏报政事时,皇上问到《比红儿》这首诗,杨大年不能对答,感到十分遗憾。他四处寻求《比红儿》诗,始终没有找到。忽然有一天,看到卖旧书的人有一本小书。偶然拿出来一看,正是《比红儿》诗。从此以后士大夫才开始大量传诵这首诗。我考察过《摭言》,《比红儿》诗原来是罗虬写的,共有一百篇,大概当时只流传他的诗而不记载他的姓名,杨大年也偶然间忘记了《摭言》上面所记载的事。

句式优劣

原文

往岁士人①多尚对偶为文，穆修、张景辈始为平文②，当时谓之古文。穆、张尝同造朝③，待旦于东华门外，方论文次，适见有奔马践死一犬，二人各记其事，以较工拙。穆修曰："马逸。有黄犬遇蹄而毙。"张景曰："有犬死奔马之下。"时文体新变，二人之语皆拙涩。当时已谓之工，传之至今。

注释

①往岁士人：指宋初沿袭晚唐、五代浮靡文风的一批作家。
②平文：散文。
③造朝：上朝。

译文

过去的文人写文章大多崇尚对偶，直到穆修、张景等人才开始创作散文，在当时称之为"古文"。穆修和张景曾经一齐在东华门外等待天亮上朝，正在议论文章的时候，恰好看见一匹飞奔的马踏死了一只狗，二人各自记下这件事，比较各自句式的工整和拙劣。穆修说："马逸，有黄犬遇蹄而毙。"张景说："有犬死奔马之下。"当时文体刚刚变化，他们两人的话虽然都古拙艰涩，但当时已经称为工整，一直流传到现在。

王安石集句

原文

古人诗有"风定花犹落"之句,以谓①无人能对。王荆公以对"鸟鸣山更幽"。"鸟鸣山更幽"本宋王籍诗,元②对"蝉噪林逾静,鸟鸣山更幽",上下句只是一意。"风定花犹落,鸟鸣山更幽"则上句乃静中有动,下句动中有静。荆公始为集句诗③,多者至百韵④,皆集合前人之句,语意对偶,往往亲切,过于本诗。后人稍稍有效而为者。

注释

①以谓:以为。

②元:通"原"。

③集句诗:把别人的诗句集合成另一首诗,这种诗叫集句诗。现存最早的集句诗为西晋傅咸的《七经诗》。

④韵:这里指计算诗中韵句的单位。

译文

古人诗歌中有"风定花犹落"这一句,认为没有人能够对出相应的句子。王荆公对以"鸟鸣山更幽"。"鸟鸣山更幽"这一句本来是宋时人王籍所作,原来相对应的两句诗是"蝉噪林逾静,鸟鸣山更幽",上下句只有一个意思。"风定花犹落,鸟鸣山更幽"则上一句是静的环境中有动,下一句是动的环境中有静。荆公开始作集句诗,多的时候诗里有上百句韵句,都是集合了前人的诗句,使上下句的意思相互对偶,读来往往使人觉得亲切,甚至超过了原诗中上下句的配对。后来渐渐有人跟着效仿了。

毗陵女子诗

原文

毗陵郡士人家有一女,姓李氏,方年十六岁,颇能诗,甚有佳句,吴人多得之。有《拾得破钱诗》云:"半轮残月掩尘埃,依稀犹有开元字。想得清光未破时,买尽人间不平事。"又有《弹琴诗》云:"昔年刚笑卓文君,岂信丝桐解误身。今日未弹心已乱,此心元自不由人。"虽有情致,乃非女子所宜也。

译文

毗陵郡一户读书人家里有个女儿,姓李,当年才十六岁,很能写诗,常常有些佳句,吴越一地的文人时常会读到。有《拾得破钱诗》云:"半轮残月掩尘埃,依稀犹有开元字。想得清光未破时,买尽人间不平事。"还有《弹琴诗》云:"昔年刚笑卓文君,岂信丝桐解误身。今日未弹心已乱,此心元自不由人。"这些诗句虽然别有情趣和雅致,但不是女子应该说的话。

评韩愈诗

原文

退之《城南联句》首句曰:"竹影金锁碎①。"所谓金锁碎者,乃日光耳。非竹影也。若题中有日字。则曰"竹影金锁碎"可也。

注释

①"竹影金锁碎":指日光穿过竹影,落地成为细碎的光斑,好比碎了的金锁。

译文

韩愈的《城南联句》第一句说:"竹影金锁碎。"所谓的"金锁碎",是太阳光,而不是竹影。如果诗的题目中有"日"字,那么说"竹影金锁碎"就是可以的。

卷五　书画

鉴赏书画

原文

藏书画者，多取①空名。偶②传为钟、王、顾、陆之笔，见者争售，此所谓"耳鉴"。又有观画而以手摸之，相传以谓色不隐指③者为佳画，此又在耳鉴之下，谓之"揣骨听声"④。

注释

①取：贪图。
②偶：偶尔。
③色不隐指：指画面光滑，手指摸上去没有高低不平的感觉。
④揣骨听声：揣；估量、推测。原为江湖术士的一种看相术，声称通过摸人的骨骼、听人的声音就能推测人的贵贱祸福。

译文

收藏书画的人，很多是贪图虚名，偶尔有传言是钟繇、王羲之、顾恺之、陆探微四人的真迹，见到的人都争着购买。这是所谓的凭着耳朵鉴别书画。还有人看画是用手去摸，相传色彩不碍手指的就是好画，这种办法又在凭耳鉴别之下，叫作"揣骨听声"。

吴育识画

原文

欧阳公尝得一古画牡丹丛,其下有一猫,未知其精粗。丞相正肃吴公与欧公姻家①,一见曰:"此正午牡丹也。何以明之②?其花披哆③而色燥,此日中时花也;猫眼黑睛如线,此正午猫眼也。有带露花,则房敛而色泽。猫眼早暮则睛圆,日渐中狭长,正午则如一线耳。"此亦善④求古人心意也。

注释

①姻家:联姻成的亲家。
②明之:知道。
③披哆:指花瓣张开。
④善:善于。

译文

欧阳修曾经得到一幅画牡丹花的古画,花丛下面有一只猫,不知道它的画功是精妙还是粗陋。丞相吴育与欧阳修是儿女亲家,一看这幅画就说:"这是正午的牡丹。凭什么知道的呢?这些花的花瓣张开而且色彩干燥,这是一天中午时候的花;猫的黑眼仁就像一条线,这是正午时分的猫眼。有带露水的花,那么花房收敛而且色彩润泽。猫眼在早晨和黄昏的时候都是圆的,日头越接近中午就逐渐变得细长,到正午的时候就像一条线了。"这也是善于推求古人的意境。

书画神韵

原文

书画之妙,当以神会,难可以形器①求也。世之观画者,多能指摘其间形象、位置、彩色瑕疵而已,至于奥理冥②造者,罕见其人。如彦远《画评》言:王维画物,多不问四时,如画花往往以桃、杏、芙蓉、莲花同画一景。予家所藏摩诘画《袁安卧雪图》,有雪中芭蕉,此乃得心应手,意到便成,故其理入神,迥③得天意,此难可与俗人论也。谢赫云:"卫协之画,虽不该备形妙,而有气韵,凌跨④群雄,旷代绝笔。"又欧文忠《盘车图》诗云:"古画画意不画形,梅诗咏物无隐情。忘形得意知者寡,不若见诗如见画。"此真为识画也。

注释

①形器:指具体的形象。
②冥:明白。
③迥:完全。
④凌跨:超越的意思。

译文

书画的精妙之处,应该用心神来领会,而很难由具体的形象来探求。世间看画的人。很多只能指点批评画中形象、位置、色彩的瑕疵而已,至于能达到深刻理解其中奥妙的人,却很罕见。就像张彦远的《画评》所说王维画东西,经常不区分四季,比如画花卉,往往将桃花杏花、芙蓉花和莲花画在同一个景中。我家里收藏的王维画《袁安卧雪图》,上面有雪中芭蕉。这正是王维得心应手。意到便成的画。所以深达妙理,入

于神韵，完全得自天意，这是难与俗人论说的。谢赫说："卫协的画，虽然不具备完全的形体之妙，但却具有气韵，超越群雄，是从来没有的绝妙之笔。"另外，欧阳修的《盘车图》诗说："古画画意不画形，梅诗咏物无隐情。忘形得意知者寡，不若见诗如见画。"这是真正识画的言论。

评王维画

原文

王仲至阅吾家画,最爱王维画《黄梅出山图》,盖其所图黄梅、曹溪二人气韵神,皆如其为人。读二人事迹,还观所画,可以想见其人。

译文

王仲至欣赏我家里的藏画,最喜爱王维的作品《黄梅出山图》,大概是因为他欣赏画中的黄梅、曹溪二人的气度神韵,都和真人非常相像。阅读关于此二人的轶事,又看有此二人的画,就可以更形象地想到这二人了。

谈画理

 原文

　　画牛、虎皆画毛，惟马不画。予尝以问画工，工言："马毛细，不可画。"予难之曰："鼠毛更细，何故却画？"工不能对。大凡画马，其大不过盈尺。此乃以大为小①，所以毛细而不可画；鼠乃如其大，自当画毛。然牛、虎亦是以大为小，理亦不应见毛，但牛、虎深毛，马浅毛，理须有别。故名辈为小牛、小虎，虽画毛，但略拂拭而已。若务详密②，翻③成冗长；约略拂拭，自有神观，迥然生动，难可与俗人论也。若画马如牛、虎之大者，理当画毛，盖见小马无毛，遂亦不摹，此庸人袭迹，非可与论理也。又李成画山上亭馆及楼塔之类，皆仰画飞檐，其说以谓自下望上。如人平地望塔檐间，见其榱桷④。此论非也。大都山水之法，盖以大观小，如人观假山耳。若同真山之法，以下望上，只合见一重山，岂可重重悉见，兼不应见其溪谷间事。又如屋舍，亦不应见其中庭及后巷中事。若人在东立，则山西便合是远境；人在西立，则山东却合是远境。似此如何成画？李君盖不知以大观小之法，其间折高折远⑤，自有妙理，岂在掀屋角也？

注释

①以大为小：把大的画成小的。

②详密：仔细。

③翻：反而。

④榱桷：榱、桷子。桷：方形的椽子。

⑤折高折远：处理远近高低。

译文

　　画牛和老虎的时候都要画毛,只有画马不画毛。我曾经就这一问题请教画工,画工说:"马的毛太细,没法画。"我刁难他说:"老鼠的毛更加细,为什么却要画呢?"画工不能回答。一般画马,它的大小不过一尺,这是把大的画成小的,如果按照比例缩小,毛就细得不能画了,画的老鼠则与实物大小差不多,自然应当画毛。但牛和老虎也是把大的画成小的,按道理说也不应该画毛,但牛、虎的毛长。马的毛短,从道理上讲应该有所区别,所以名画家画小牛、小虎,虽然也画毛,只不过是寥寥数笔而已。假使一定要画得周到细密,反而显得芜杂而累赘;简单涂上几笔,倒自有神观,更为生动,不过这个道理很难与那些庸俗的人去论说。如果像画大牛、大虎一样画马。理应画毛。大约见小马没有毛,于是也就不画毛了,这是庸人因袭旧迹,不可与他们论理。又如李成画山上的亭馆和楼塔这些建筑,都用仰视的角度来画飞檐。他的说法认为从下向上望,就如同人在平地望到塔檐,只看见屋椽。这种说法是不对的。一般画山水的方法,都是将大的景物当作小的景物,就如同人看假山一样。如果用看到的真山的样子来画山,那么从山下望上去,只能看见一重山,怎么能一重一重全都看到,更不应该看到溪谷中的情景了。又例如画屋舍,也不应看得见中庭和后巷中的东西。如果人站在东边,那么山的西边就应该是远景;人站在西边,那么山的东边就应该是远景。像这样怎么能画成画呢?李成大约不知道以大观小的方法,怎样处理高低远近,其中自有奥妙的道理,哪里在于把屋角掀起来呢?

画 理

原文

画工画佛身光，有匾圆如扇者，身侧则光亦侧，此大谬也。渠①但见雕木佛耳，不知此光常圆也。又有画行佛，光尾向后，谓之顺风光，此亦谬也。佛光乃定果②之光，虽劫风③不可动，岂常风能摇哉？

注释

①渠：他。
②定果：决定因果报应。
③劫风：坏劫中的风灾。俗称坏运为劫数，有火、风、水三劫，所以称劫风。

译文

画工画佛身上的光芒，有扁圆如同扇子一般形状的，佛身侧则光也跟着侧，这是非常大的错误。他只看到雕刻出来的佛像，不知道佛祖的光应该保持圆形不变的。还有画行走中的佛像的，光的尾巴向后拖，说这是顺着风向的光芒，这也是错的。佛光是决定因果报应的光芒。即使是坏劫中的风灾也不能动摇它，寻常的风又怎么能动摇它呢？

活 笔

原文

度支员外郎宋迪工画,尤善为平远①山水。其得意者有《平沙雁落》《远浦帆归》《山市晴岚》《江天暮雪》《洞庭秋月》《潇湘夜雨》《烟寺晚钟》《渔村落照》,谓之"八景",好事者多传之。往岁小村陈用之善画,迪见其画山水,谓用之曰:"汝画信工②,但少天趣。"用之深伏其言,曰:"常患其不及古人者,正在于此。"迪曰:"此不难耳,汝先当求一败墙,张绢素讫,倚之败墙之上,朝夕观之。观之既久,隔素见败墙之上,高平曲折,皆成山水之象。心存目想:高者为山,下者为水;坎者为谷,缺者为涧;显者为近,晦者为远。神领意造,恍然③见其有人禽草木飞动往来之象,了然在目。则随意命笔,默以神会,自然境皆天就,不类人为,是谓活笔。"用之自此画格④进。

注释

①平远:中国画中"三远"之一。"三远"是高远、平远、深远,高远在于表现景物高度,平远在于表现景物宽度,深远在于表现景物深度。
②信工:的确很精到。
③恍然:恍然大悟的意思。
④画格:画的风格、格调。

译文

度支员外郎宋迪擅长绘画,尤其善于画平阔广远的山水画。他得意的作品有《平沙雁落》《远浦帆归》《山市晴岚》《江天暮雪》《洞庭秋月》《潇湘夜雨》《烟寺晚钟》《渔村落照》,称为"八景",喜好的人将它们到

处传扬。往年小窑村的陈用之善于画画，宋迪看了他画的山水，告诉用之说："你的画的确很精致。但是少了天然的意趣。"陈用之对这种说法很是信服，说："我常常担心自己的画比不上古人的地方，正是在这点。"宋迪说："这不难，你应当先找一堵残败的土墙，把白色的绢全部展开，使它贴近破墙，早晚观察它，观察久了。隔着绢看到败墙上面，高低平坦曲折的地方，都构成了山水的景象。心里存着形象，闭目想象其近似于山水处：高的是山，低的是水；坑穴是山谷，空缺是山涧；明显的是近景，模糊的是远景。心神领会，恍然见到有人、鸟、草木飞动往来的景象，清清楚楚地映在眼前，就随意动笔，默默地以心神引导，景物自然都是天然成就，而不像是人有意画成的。这叫作活笔。"从此以后，陈用之画的格调日益提高。

徐铉善小篆

原文

　　江南徐铉善小篆,映日视之,画之中心有一缕浓墨,正当其中;至于屈折处,亦当中,无有偏侧处。乃笔锋直下不倒侧,故锋常在画中,此用笔之法也。铉尝自谓:"吾晚年始得蠲匾①之法。"凡小篆喜瘦而长,蠲匾之法,非老笔②不能也。

注释

　　①蠲匾:蠲,不正。匾,通扁,指以侧锋作篆书。蠲匾,指篆书和隶书两种字体的结合体,字形是隶书,笔法作篆书。
　　②老笔:老练的书法家。

译文

　　江南徐铉善长小篆,对着阳光看他的作品,笔画的中心有笔浓墨,正好在笔画之中;至于弯折的地方,浓墨也在笔画之中,没有偏斜。这是因为笔锋直接一笔下去,所以锋芒常常在笔画中心,这是用笔的妙法啊。徐铉曾经自称:"我到了晚年才明白蠲匾这种写法。"一般小篆偏向瘦长的字体,蠲匾这种字体,不是老练的书法家不能写出的。

吴道子画佛

原文

《名画录》:"吴道子尝画佛留其圆光,当大会中,对万众举手一挥,圆中运规①,观者莫不惊呼。"画家为之自有法,但以肩倚壁,尽臂挥之,自然中规。其笔画之粗细,则以一指拒壁以为准,自然均匀。此无足奇。道子妙处,不在于此,徒惊俗眼耳。

注释

①圆中运规:中,合乎。运规,运用圆规。画出的圆合乎运用圆规所画的。

译文

《名画录》记载:"吴道子曾经在画佛像的时候保留其灵光,在盛大聚会的时候,对着成千上万的观看者举手一挥,画出的圆合乎运用圆规所画,观看者没有不惊呼的。"画家画圆自然有他自己的方法,只要用肩靠着墙壁,竭尽展开手臂的长度,挥动手臂,自然画出的圆像圆规所画。他笔画的粗细,就以一只手指距离墙壁的距离为准则,自然笔画均匀,这完全没有什么值得惊奇的。吴道子画画的精妙之处,不在于此,只不过有意惊动俗人的眼耳。

鲤鱼鳞

原文

鲤鱼当肋①一行三十六鳞,鳞有黑文②如十字,故谓之鲤。文从鱼、里者,三百六十也。然井田法即以三百步为一里。恐③四代之法,容有不相袭者。

注释

①肋:肋部。
②文:同"纹"。
③恐:或许。

译文

鲤鱼在肋部有一行鳞,共三十六片,鳞上有像"十"字的黑色纹路,所以称它为鲤。文字字形从"鱼"、从"里",就是三百六十。但是井田制以三百步为一里,可能四代的法令,或许有不相承袭的情况。

黄筌忌贤

原文

国初，江南布衣徐熙、伪蜀翰林待诏黄筌，皆以善画著名，尤长于画花竹。蜀平，黄筌并二子居宝、居实，弟惟亮，皆隶翰林图画院，擅①名一时。其后江南平，徐熙至京师，送图画院品其画格②。诸黄画花，妙在赋色，用笔极新细，殆不见墨迹，但以轻色③染成，谓之写生。徐熙以墨笔画之，殊④草草，略施丹粉而已，神气迥出，别有生动之意。筌恶⑤其轧⑥已，言其画粗恶不入格，罢⑦之。熙之子乃效诸黄之格，更不用墨笔，直以彩色图之，谓之"没骨图"。工与诸黄不相下，筌等不复能瑕疵，遂得齿⑧院品。然其气韵皆不及熙远甚。

注释

①擅：独揽。

②画格：画的格调、等级。

③轻色：淡色。

④殊：特别。

⑤恶：嫉妒的意思。

⑥轧：超过。

⑦罢：革职。

⑧齿：列入。

译文

宋朝初年，南唐平民徐熙，伪蜀国翰林待诏黄筌，都以擅长绘画而著名，尤其长于画花竹。蜀国被灭之后，黄筌与两个儿子居宝、居实，弟弟惟亮，都供职于翰林图画院，一时之间独揽世间美名。之后，南唐被灭，徐熙到了京城，送交图画院品评他的画的格调。黄氏父子兄弟画花，妙处在于对色彩的运用，用笔非常新奇纤细，几乎见不到墨迹，只是用很淡的颜色染成，称为写生。徐熙用墨笔作画，很是潦草，只略略施一点丹粉而已，神韵突出，别有一番生动的意味。黄筌妒忌徐熙超过自己。便说徐熙的画粗俗没有格调，罢黜了他。徐熙儿子就仿效黄氏父子的风格，更加不用墨笔，直接用色彩描画，称为"没骨图"，工巧与黄氏父子不相上下。黄筌等再不能找出瑕疵来。于是徐熙儿子的画得以列入画院品评，然而其画的神韵都远不及徐熙。

《乐毅论》碑

原文

王羲之书，旧传唯《乐毅论》乃羲之亲书于石，其他皆纸素所传。唐太宗衷聚①二王②墨迹，惟《乐毅论》石本，其后随太宗入昭陵。朱梁时，耀州节度使温韬发③昭陵④得之，复传人间。或曰：公主以伪易之。元不曾入圹⑤。本朝人高绅学士家。皇祐中，绅之子高安世为钱塘主簿，《乐毅论》在其家，予尝见之。时石已破缺，末后独有一"海"字者是也。其家后十余年，安世在苏州，石已破为数片，以铁束之。后安世死，石不知所在。或云：苏州一富家得之。亦不复见。今传《乐毅论》，皆摹本也，笔画无复昔之清劲。羲之小楷字，于此殆绝⑥。《遗教经》之类。皆非其比⑦也。

注释

①衷聚：收集。

②二王：王羲之、王献之父子。

③发：挖掘。

④昭陵：唐太宗李世民陵墓。

⑤圹：墓穴。

⑥殆绝：差不多绝迹。

⑦其比：与其相比。

译文

王羲之的书法，以前流传只有《乐毅论》是王羲之亲笔写在石上，其他的都是写在纸上和绢帛上流传的。唐太宗收集了王氏父子的墨迹，只有

《乐毅论》石刻版本，后来随着唐太宗葬入昭陵。朱梁的时候，耀州节度使温韬挖掘昭陵得到了它们，二王的墨迹重又流传到人间。有人说："公主用假的版本换掉了真的墨迹，二王的真迹原本就没有入墓穴。"本朝时流入学士高绅家。皇祐年间，高绅的儿子高安世任钱塘县主簿，《乐毅论》就在他家，我曾经见过。那时石头已残破了，在末尾单独有一个"海"字的就是。他们家在后来的十多年中，高安世一直在苏州，石头已经破裂为几片，用铁丝拴在一起。后来高安世去世，《乐毅论》的石块不知到哪里去了。有人说，苏州一个富豪人家得到了它。也再没有见过。现在流传的《乐毅论》，都是临摹本，字的笔画不再有过去的清丽遒劲。王羲之的小楷字从此差不多绝迹了，像《遗教经》这样的墨迹，都不能与之相比。

赏画常识

原文

　　江南中主时，有北苑使董源善画，尤工秋岚远景①，多写江南真山，不为奇峭之笔。其后建业僧巨然祖述②源法，皆臻③妙理④。大体源及巨然画笔，皆宜远观。其用笔甚草草，近视之，几不类物象；远观则景物粲然⑤，幽情远思，如睹异境。如源画《落照图》，近视无功⑥，远观村落杳然深远⑦，悉是晚景，远峰之顶，宛有反照之色，此妙处也。

注释

①秋岚远景：岚，山林中的雾气。秋岚远景，秋天山林的烟岚远景。
②祖述：继承。
③臻：达到。
④妙理：指高超的境界。
⑤粲然：鲜明美好的样子。
⑥无功：没有效果。
⑦杳然：深远的样子。

译文

　　南唐中主时，有个北苑使董源善于画画，尤其擅长画秋天山林烟岚远景，大多是江南山水的写真，不用奇特险峻的笔法。后来，建业僧人巨然继承了董源的画法，也达到了很高超的境界。大体上董源和巨然的画，都适宜远观。他们用笔十分简朴，近看几乎什么也不像；远看则景物鲜明，情思深幽，仿佛看到另一个天地。比如董源的《落照图》，近看没有什么效果，远看则村落幽暗深远，都是晚景。远处山峰的顶端仿佛有落日返照的颜色，这正是它的奇妙的地方。

卷六 技艺

喻皓的《木经》

原文

营舍①之法，谓之《木经》，或云喻皓所撰。凡屋有三分②：自梁以上为上分，地以上为中分，阶为下分。凡梁长几何，则配极③几何，以为榱④等。如梁长八尺，配极三尺五寸，则厅堂法也，此谓之上分。楹⑤若干尺，则配堂基若干尺，以为榱等。若楹一丈一尺，则阶基四尺五寸之类。以至承拱⑥榱桷，皆有定法，谓之中分。阶级有峻、平、慢三等，宫中则以御辇⑦为法：凡自下而登，前竿垂尽臂，后竿展尽臂为峻道（荷⑧辇十二人：前二人曰前竿，次二人曰前绦⑨，又次曰前胁⑩；后二人曰后胁，又后曰后绦，末后曰后竿。辇前队长一人，曰传唱；后一人，曰报赛）。前竿平肘，后竿平肩，为慢道；前竿垂手，后竿平肩，为平道；此之谓下分。其书三卷。近岁土木之工，益为严善，旧《木经》多不用，未有人重为之。亦良工之一业也。

注释

①营舍：建造房屋。
②分：部分。
③极：屋顶最高部位的正梁。

④榱：椽子。

⑤楹：厅堂前面的柱子。

⑥承拱：即斗拱。立柱与横梁之间承受重量的横木，它往往做成向两边挑出的斗形成弓形。

⑦御辇：皇上乘坐的车轿，这儿指十二人抬的大轿。

⑧荷：抬。

⑨前绦：绦，丝织的带子。前绦，指在御轿前第二排抬轿的忍。与他们相对应，轿后第二排抬轿的人叫后绦。

⑩前胁：胁，人体腋下至肋骨尽处的位部。前胁，指在御轿前第三排抬轿的人与他们相对应，轿后第三排抬轿的人叫后胁。

译文

讲建造房屋方法的书叫作《木经》，有人说是喻皓所著。大凡房屋有三部分：梁以上的是上部分，地面以上的是中间部分，台基是下部分。梁有多长，那么所造的房屋屋脊也应该相应有多高，以此来制作相应的椽子等构件的尺寸。比如梁是八尺长，那么屋脊就应是三尺五寸，这是建造厅堂的法则，这称为上部分。厅堂的柱子有多高，那么厅堂的基础也应造多高，以此来确定椽子等构件的尺寸。比如柱子高一丈一尺，那么台阶应该是四尺五寸。至于承重的斗拱和椽子，都有规定的法则，这称为中间部分。台阶分陡坡、中坡和缓坡三等，皇宫中台阶的坡度以御辇抬法的不同作为区分的标准：抬辇从下面往上登，前竿的人双臂伸直下垂，后竿的人双臂向上举直，这样的台阶是陡坡（抬御轿的共十二人，前面第一排的两人叫前竿，中间的两人叫前绦，最后一排的两人叫前胁；后面两人叫后胁，又后面的两人叫后绦，最后面的两人叫后竿。御轿前有队长一人，叫传唱；御轿后面有一人，叫报赛。）。抬前竿的人平肘抬，抬后竿的人平肩抬，这是慢道；抬前竿的人垂着手抬，抬后竿的人平肩抬，这是平道。这里所说的便是下部分。《木经》分为三卷。近年来对土木工程要求更加严格完善，旧的《木经》大部分已经不适合了，没有人去重新编写，这也是优秀的工匠们应完成的一项任务啊！

害术和缀术

原文

审方①面势②，覆量高深远近，算家谓之"害术"③。害文象形，如绳木所用墨斗也。求星辰之行，步④气朔消长，谓之"缀术"⑤。谓不可以形察，但以算数缀之而已。北齐祖亘有《缀术》二卷。

注释

①方：方位。

②势：地势。

③害术：害，车轴两端突出在车轮外面的部分。害术，我国古代算术名，主要用于测量地形。

④步：推算。

⑤缀术：缀，连缀。缀术，我国古代算术名，主要用于天文历法的推算。

译文

审查方位和地势，测量高低和远近，算学家把这称为"害术"。害是一个象形字，好像在木头上画直线用的墨斗。探求天体的运行，推算节气朔望的盈缩变化，叫作"缀术"。是说不能用形体来考察，只能以算数的方法把它们连缀起来演算。北齐时候的祖亘著有《缀术》二卷。

造 弓

原文

予伯兄善射，自能为弓。其弓有六善①：一者性体少而劲，二者和②而有力，三者久射力不屈，四者寒暑力一，五者弦声清实，六者一张便正。弓性体少则易张而寿，但患③其不劲；欲其劲者，妙在治筋。凡筋生长一尺，干则减半；以胶汤濡④而梳之，复长一尺，然后用，则筋力已尽，无复伸弛。又揉⑤其材令仰⑥，然后傅⑦角与筋，此两法所以为筋也。凡弓节⑧短则和而虚（虚谓挽过吻⑨则无力），节长则健而柱⑩（柱谓挽过吻则木强而不来。节谓把梢桦木，长则柱，短则虚）。节若得中则和而有力，仍弦声清实。凡弓初射与天寒，则劲强而难挽；射久、天暑，则弱而不胜矢，此胶之为病也。凡胶欲薄而筋力尽，强弱任筋而不任胶，此所以射久力不屈，寒暑力一也。弓所以为正者，材也。相材之法视其理，其理不因矫揉⑪而直，中绳则张而不跛，此弓人之所当知也。

注释

①善：优点。

②和：柔和，这儿指开弓有力。

③患：害怕。

④濡：浸泡。

⑤揉：把原来直的东西弄弯曲。

⑥仰：指向开弓相反的方向弯曲。

⑦傅：黏合，缠上。

⑧弓节：弓臂中段用硬木加强的把手部位，其作用是增加弓体的强度。

⑨挽过吻：吻，嘴唇。挽过吻，指开弓的人将弓弦用力往后拉，拉过自己嘴这个部位。

⑩柱：支撑，这儿指弓体很硬而难以拉开。

⑪矫揉：矫正。

译文

我的大哥擅长射箭，自己能够造弓。他造的弓有六个优点：一是弓形体小而强劲；二是开弓容易而且有力；三是多次发射，弓力不会减弱；四是无论寒暑，弓力始终如一；五是开弓时弦声清脆而且坚实；六是拉弓时弓体正，不会偏扭。一般说来，弓体轻巧则容易拉开，而且寿命很长，只是担心弓力不够强劲。要想弓力强劲，关键在于整治筋。大凡生筋长一尺的，干了后长度就减去一半，用胶汤浸泡而后梳理直，又恢复到一尺，然后再使用，那么筋力已涨到尽头，不能再伸长了。再揉制做弓的材料，使之向开弓的反方向仰曲，然后在上面粘上角和筋。这两种方法都是用来整治筋。凡是弓的弓节短，那么弓就容易开，但是弹力小（这是说将弓弦拉过射箭人的口角部位，但是弹力小）。弓节长的，那么弓就硬而难开（这是说将弓弦拉过射箭人的口角部位，弓臂木材强硬而不随势变曲。弓节是指弓柄上安装的衬木，它长就难拉开，它短就缺少弹力）。如果弓节适中的话，那么弓就容易开而且有力，同时弦声清脆而坚实。大凡弓刚刚开始使用或在天寒时，弓就强劲而难于拉开；使用久了，或天热的时候，弓就软弱而不能发箭。这都是胶造成的毛病。一般胶要涂得薄而筋力要涨透，弓的强弱依靠筋而不靠胶。这是弓能长久使用而力量不衰，天寒暑热而弹力始终如一的原因。弓之所以能够端正，由所用的材料决定。挑选材料的方法是观察木材的纹理，它的纹理不经过矫正就是直的，开弓时就不会偏斜。这个道理是制弓的人应当明白的。

棋局部数

原文

　　小说：唐僧一行曾算棋局都数，凡若干局尽之。予尝思之，此固易耳，但数多，非世间名数可能言之，今略举大数。凡方二路，用四子，可变八十一局；方三路，用九子，可变一万九千六百八十三局。方四路，用十六子，可变四千三百四万六千七百二十一局；方五路，用二十五子，可变八千四百七十二亿八千八百六十万九千四百四十三局（古法：十万为亿，十亿为兆，万兆为秭①。算家以万万为亿，万万亿为兆，万万兆为垓。今且以算家数计之。）；方六路，用三十六子，可变十五兆九十四万六千三百五十二亿八千二百三万一千九百二十六局；方七路以上，数多无名可记。尽三百六十一路，大约连书"万"字四十三②，即是局之大数（万字四十三，最下万字是万局，第二是万万局，第三是万亿局，第四是一兆局，第五是万兆局，第六是万万兆，谓之一垓，第七是万垓局，第八是万万垓，第九是万亿垓。此外无名可记。但四十三次万倍乘之，即是都大数，零中数不与。）。其法：初一路可变三局，一黑、一白、一空。自后不以横直，但增一子，即三因③之。凡三百六十一增，皆三因之，即是都局数。又法：先计循边一行为"法"，凡十九路，得一十亿六千二百二十六万一千四百六十七局。凡加一行，即以"法④"累乘之，乘终十九行，亦得上数。又法：以自"法"相乘（得一百三十五兆八百五十一万七千一百七十四亿四千八百二十八万七千三百三十四局，此是两行，凡三十八路变得此数也）。下位副置之，以下乘上，又以下乘下，置为上位；又副置之，以下乘上，以下乘下；加一"法"，亦得上数。有数法可求，唯此法最径捷（只五次乘，便尽三百六十一路）。千变万化，不出此数，棋之局尽矣。

注释

①秭：大数名，万亿。古代大数都从十进，十亿为兆，十兆为京，十京为垓，十垓为秭，因此万亿为秭。

②四十三：在这里和下面自注里，"四十三"原都为"五十二"，可能是计算错误或者刊刻传误。

③因：一位乘法的代名词。

④法：指基本数。

译文

据小说记载：唐朝僧人一行曾计算过下围棋时可能下出种种不同局面的总数。一共有多少局，他都算出来了。我也曾经考虑过，这当然容易，但棋局数目太大，不是用现在的大数名称可以表达出来的。现在我大略说一下，如果棋盘是两路见方，就有四个用子位置，可以变化出八十一种棋局（因为每个位置上都有可能出现黑子、白子、或者是空着的三种情况，因而四个位置就有 $3 \times 3 \times 3 \times 3 = 81$ 局）。如果棋盘是三路见方，就有九个用子位置，可以变化出 $3^9 = 19683$ 局；棋盘是四路见方，就有十六个用子位置，可以变化出 $3^{16} = 43046721$ 局；棋盘是五路见方，就有二十五个用子位置，可以变化出：$3^{25} = 847288609443$ 局（根据古法，十万为亿，十亿为兆，万兆为秭。而算家以万万为一亿，万万亿为一兆，万万兆为垓。我们现在只是用算家的计算方法来计数）；棋盘是六路见方，就有三十六个用子位置，可以变化出：$3^{36} = 1594635282301926$ 局。七路见方以上布局的，棋局数多到没有相应的数名可以计下来。如果将棋盘三百六十一路的变局全记下的话，大概要连写五十二个"万"字才是局的大致数字（连写五十二个万字，那么最后一个万字，表示万局；最后第二个万字，表示万万（即亿）局，第三个万字，表示万亿局；第四个万字，表示万万亿（即兆）局；第五个万字，表示万兆局；第六个万字，表示万万兆（即垓）局；第七个万字，表示万垓局；第八个万字，表示万万垓局；第九个万字，表示万倍万万垓局。因为以万万进位，垓以上又没有数名，所以再往上就没有大数名词好用了。只要连乘五十二个一万，就大概是所求的棋局总数了。这里只给出第一位的数字。其余的数字都略而不讲）。上述计算棋局总教的方法是：先考虑一个点，它可能出现黑、白，或空着三种情况。从它出发，往后不论横线还是直线，每增加一个用点位置，局数就是前面局数的三倍（多乘一个三）。一直增加到全盘的三百六十一个点，每次都多乘一个三。就得到棋局的总数了。计算棋局总数的另一种算法是：先算出棋盘沿边一行十九个位置上的棋局总数，这个数称为基本数，共得一十亿六千二百二十六万一千四百六十七局。每加算一行，就用这个基本数乘一次，乘完十九行，也得到上段所讲的棋局总数。计算棋局总教还有一种算法是：先把基本数相乘（得一百三十五兆八百五十一万七千一百七十四亿四千八百二十八万七千三百三十四局，这是两行共三十八点变化出来的局数），把这个数布列在筹算盘的上位。下位也列这个数，用下位数乘上位数，再乘以下位数；把结果布列在上位，下位也布列它，用下位数乘上位数，再乘以下位数；再用基本数乘一次。也得到前段所讲的总数。计算棋局总数有许多种方法，只有这种方法最快捷（只须五次运算，就得出三百六十一个点所变化出的棋局总数）。棋盘上可能布置出的局面是千变万化的，但无论如何其变化的总数都不会超过这个数目，它已经包括尽所有可能的局面了。

算　法

原文

算术多门，如求一、上驱、搭因、重因①之类，皆不离乘除。唯增成②一法稍异，其术都不用乘除，但补③亏就盈而已。假如欲九除者，增一便是；八除者，增二便是。但一位一因④之。若位数少，则颇简捷；位数多，则愈繁，不若乘除之有常。然算术不患多学，见简即用，见繁即变，不胶一法，乃为通术⑤也。

注释

①求一、上驱、搭因、重因：都是可以在一个横行里进行筹算乘除的速算方法。

②增成：叩增成代除法。

③补：增补，这里指补在下一位。

④因：沿袭、照着做。

⑤通术：一般的原则和方法。

译文

算法有多种，例如求一、上驱、搭因、重因之类的方法。都离不开乘、除法。只有增成法略有区别，这种方法全部不用乘除，只是补上缺数，减去余数罢了。假如一个数用九除，在下位增加一就是了（看作十）；如果一个数用八除，在下位增加二就是了（也是看作十）。但是在算一位时都要遵循这个方法加一次。如果位数少，就比较简捷；位数多时，就愈加繁杂，不如乘除有一定的规则。然而算法不怕多学，见到简捷方法就用，见到繁杂方法就改变，不拘泥于一种算法，这才是算数通用的法则。

活板印刷

原文

版印书籍，唐人尚未盛为之。自冯瀛王始印五经，已后典籍，皆为版本。庆历中，有布衣毕昇，又为活版。其法用胶泥刻字，薄如钱唇①，每字为一印，火烧令坚。先设一铁板，其上以松脂、蜡和纸灰之类冒②之。欲印则以一铁范置铁板上，乃密布字印。满铁范③为一板，持就火炀④之，药稍熔，则以一平板按其面，则字平如砥⑤。若止印三二本。未为简易；若印数十百千本，则极为神速。常作二铁板，一板印刷，一板已自布字。此印者才毕，则第二板已具。更互用之，瞬息可就。每一字皆有数印，如之、也等字，每字有二十余印，以备一板内有重复者。不用则以纸贴之，每韵为一贴，木格贮之。有奇字素无备者，旋刻之，以草火烧，瞬息可成。不以木为之者，木理有疏密，沾水则高下不平，兼与药相粘，不可取。不若燔土⑥，用讫再火令药熔，以手拂之，其印自落，殊不沾污。昇死，其印为予群从所得，至今保藏。

注释

①钱唇：铜钱的边缘。

②冒：覆盖，铺撒。

③铁范：这里指铁框。

④炀：烘烤。

⑤砥：平坦的磨刀石。

⑥燔土：指火烧过的胶泥活字。

译文

雕板印刷的书籍，唐朝人还没有广泛使用。从冯道雕板印刷五经开始，以后的文献和书籍，都是雕板印刷的本子了。庆历年间，有平民毕昇又创造了活板印刷。他的方法是用黏土刻字，厚薄像铜钱的边，每一个字刻成一个印，用火烧使它坚硬。先设置一块铁板，板上用松脂、蜡和纸灰之类的药料覆盖。要印的时候就将一个铁框放在铁板上，密密地排满刻有字的印，排满一铁框为一板，拿到火上去烘烤，药逐渐熔化，就用一块平板压在它的上面，这样铁板上的每个字印就如磨刀石一般平整了。如果只印二三本，还不算简便，如果印数十成百上千本，就极为神速了。经常准备两块铁板，一块板在印刷，一块板已在排字，这块板刚刚印完，第二块板已经排好。两块板交互使用，很快就可以把书印好。每一个字都有好几个印，例如"之""也"等字，每个字有二十多个印，以预备一块板内有重复的字。不用的时候，就用纸写成标签贴上，每一个韵的字作为一个标签，用木格把字印储存起来。遇到平时从未准备的生僻字，马上刻制，用草火烧，转眼就可以做好。不用木材做字印，是因为木材纹理有疏密，沾上水会变得高低不平，同时木材和药料容易粘在一起，取不下来，不如烧黏土做的字印，用完以后再用火烤使药熔化，用手一拂，字印自然落下来，完全不沾药料。毕昇死后，他的字印被我的侄子们得到了，至今珍藏着。

卫朴的精湛历术

原文

淮南人卫朴精于历术，一行之流也。《春秋》日蚀三十六，诸历通验，密者不过得二十六七。唯一行得二十九，朴乃得三十五，唯庄公十八年一蚀，今古算皆不入蚀法，疑前史误耳。自夏仲康五年癸巳岁，至熙宁六年癸丑，凡三千二百一年，书传所载日食，凡四百七十五。众历考验，虽各有得失，而朴所得为多。朴能不用算①推古今日月蚀，但口诵乘除，不差一算。凡大历悉是算数，令人就耳一读，即能暗诵；傍通历②则纵横诵之。尝令人写历书，写讫，令附耳读之，有差一算者，读至其处，则曰："此误某字。"其精如此。大乘除皆不下照位③，运筹如飞，人眼不能逐。人有故移其一算者，朴自上至下，手循④一遍，至移算处，则拨正而去。熙宁中撰《奉元历》，以无候簿⑤，未能尽⑥其术，自言得六七而已，然已密于他历。

注释

①算：古代运算时使用的筹码。
②傍通历：民间流传的历法。
③照位：确定位数。
④循：摸。
⑤候簿：天象观测的记录。
⑥尽：发挥。

译文

淮南人卫朴精通历法，是唐代一行之流的人物。《春秋》上记载日蚀三十六次，用各种历法逐一验证，精密的不过推算出二十六七次，只有一行推算出二十九次，卫朴却推算出三十五次，只有鲁庄公十八年时候的一次日蚀，用古今的算法都不能推算出来，怀疑是前代史书记载错了。从夏朝仲康五年癸巳岁至熙宁六年癸丑岁，共有三千二百一年，文献记载的日蚀共有四百七十五次。用各种历法考查验证，虽然各有差异，但卫朴推算出来的最多。卫朴能够不用算码推算古今的日蚀、月蚀，只用口算乘除，不差错一个数字。凡是大历的所有数字，让人在耳边读一遍，马上就能暗中背诵。傍通历他能够纵横背诵。曾经叫人抄写历书，写完后让人贴在耳边读给他听，有差错一个数字的，读到那儿，就说："这里错了某字。"他精确到了这种地步。大数字的乘除都不用定位，把算码拨得飞快，旁人的眼睛也跟不上。有人故意移动了一个算码，卫朴用手从上至下摸一遍，到移动了算码的，随即拨正而后取去。熙宁年间。编撰《奉元历》，因为没有天象观测的记录，未能充分发挥他的技艺，他自己说《奉元历》的准确度只不过有六七成而已，但是已经比其他历法精密了。

释 壮

原文

医用艾一灼^①谓之一壮^②者,以壮人^③为法。其言若干^④壮,壮人当依此数,老幼羸弱量力^⑤减之。

注释

①艾一灼:烧一个艾炷。
②一壮:灸法中每用一个艾炷,中医叫一壮。
③壮人:强壮的人。
④若干:表示强壮的程度。
⑤量力:指依照实际情况。

译文

中医学上把烧一个艾炷叫作"一壮"的原因,是以强壮的人所能接受的治疗剂量为标准的。医书上所说的灸多少"壮",强壮的人应当按照这个数字,而老年、小孩或瘦弱的人,要根据实际情况酌量减少。

围棋战术

原文

　　四人分曹①共围棋者,有术可令必胜:以我曹不能者,立于彼曹能者之上,令但求急,先攻其必应②,则彼曹能者其所制,不暇恤局③;则常以我曹能者当彼不能者。此虞卿斗马术④也。

注释

　　①曹:指分两方。
　　②应:应对。
　　③恤局:顾全大局。
　　④虞卿斗马术:虞卿,战国游说之士,具体史料不详,其斗马术可能和田忌赛马术类似:齐国大将田忌和齐王赛马,用好马对齐王中马,中马对齐王劣马,劣马对齐王好马。结果二比一获胜。

译文

　　四个人分成两方来下一盘围棋的情况下,有一种方法可以让人一定胜取:让我方棋艺较差的人在对方较强的人之前出子,要求他只管急攻,且先攻击对方非救不可的地方,使对方较强的人受到牵制,无暇顾全大局。再让我方棋术较好的人去与对方技术较差的人作战。这就是虞卿的斗马术。

梵天寺木塔

原文

　　钱氏据两浙时，于杭州梵天寺建一木塔，方两三级，钱帅登之，患①其塔动。匠师云："未布瓦，上轻，故如此。"方以瓦布之，而动如初。无可奈何，密使其妻见喻皓之妻，贻②以金钗，问塔动之因。皓笑曰："此易耳。但逐层布板讫，便实钉之，则不动矣。"匠师如③其言，塔遂定。盖④钉板上下弥束⑤，六幕⑥相联如胠箧⑦。人履⑧其板，六幕相持，自不能动。人皆伏其精练。

注释

①患：担心。

②贻：送给。

③如：遵照。

④盖：因为。

⑤弥束：牵制、约束。

⑥六幕：指上、下、左、右、前、后六个方位。

⑦胠箧：箱子。

⑧履：走、践踏。

译文

　　钱氏割据两浙的时候，在杭州梵天寺修建一座木塔，才修到二三层时，钱帅登上它，嫌木塔摇动，工匠说："还没有铺瓦，上面轻，所以才这样。"于是铺上瓦，但是塔晃动和当初没有铺瓦时一样。无可奈何之际，工匠悄悄地让妻子去见喻皓的妻子，并赠送了金钗，询问塔晃动的原因。喻皓笑着说："这很容易啊，只要每层铺上木板，再用铁钉钉牢，就不会晃动了。"工匠遵照所说的做，塔就稳定了。因为钉板上下紧束，上、下、左、右、前、后六个方位相互关联得如同箱子一样的严实，人踩在塔板上，六面相互扶持，塔自然不会摇晃了。人们都佩服喻皓的精明练达。

毛发与五脏

原文

医者所论人须发眉，虽皆毛类，而所主①五藏各异，故有老而须白眉发不白者，或发白而须眉不白者，脏气②有所偏③故也。大率发属于心，禀火气，故上生；须属肾，禀水汽，故下生；眉属肝，故侧生。男子肾气外行，上为须，下为势④，故女子、宦人⑤无势，则亦无须，而眉发无异于男子，则知不属肾也。

注释

①所主：从属于。
②脏气：中医学名词。一般指人的元气，有时亦指功能运行，这里指内脏器官的功能。
③偏：偏重。
④势：男性的生殖器官。
⑤宦人：太监。

译文

医生说的人的须发、眉毛，虽然都是属于毛发类，但它们从属的五脏各不相同，所以有老了胡须白而眉毛头发却不白的人，或者头发白而胡须眉毛不白的人，这都是从属的内脏器官的功能各有所偏重的缘故。一般头发属于心，承受火气，所以生于上；胡须属于肾，承受水汽，所以生于下；眉毛属于肝，所以生于两侧。男子肾气外行，上为胡须，下为生殖器官，所以女子、太监没有男性生殖器，也就没有胡须。而眉毛头发和男子没有差别，所以知道它不属于肾。

医 术

原文

医之为术，苟非得之于心，而恃书以为用者，未见能臻其妙①。如术②能动③钟乳，按《乳石论》曰："服钟乳，当终身忌术。"五石诸散④用钟乳为主，复用术，理极相反，不知何谓。予以问老医，皆莫能言其义。按《乳石论》云："石性虽温，而体本沉重，必待其相蒸薄⑤然后发。"如此，则服石多者，势⑥自能相蒸，若更以药触之，其发必甚。五石散杂⑦以众药，用石殊少，势不能蒸，须藉外物激⑧之令发耳。如火少，必因风气所鼓而后发；火盛，则鼓之反为害，此自然之理也。故孙思邈云："五石散大猛毒，宁食野葛，不服五石。遇此方即须焚之，勿为含生⑨之害。"又曰："人不服石，庶事不佳；石在身中，万事休泰。唯不可服五石散。"盖以五石散聚其所恶，激而用之，其发暴故也。古人处方，大体如此，非此书所能尽也。况方书⑩仍多伪杂，如《神农本草》最为旧书，其间差误尤多，医不可以不知也。

注释

①妙：技术高明。

②术：中草药名，有白术、苍术之分，这里指白术。

③动：触动。

④五石诸散：古代一种方剂的名称。魏晋以来。那些受道家思想影响的士族、文人，幻想附庸一些矿石类药物得以长生不老甚至登天成仙，五石散就是当时流行的以矿石类药物为主组成的方剂。

⑤相蒸薄：互相作用。

⑥势：必然。

⑦杂：掺入。

⑧激：刺激、增强。

⑨含生：含有生机者，泛指人类。

⑩方书：方技之书，指医药书籍。

译文

医作为一种技术，如果不是在医疗实践中有所心领神会，而依照书本上所说的去套用，是不能使医术达到极其高明的境界的。例如白术能改变石钟乳，按照《乳石论》上面说的："服用石钟乳，应该终生禁服白术。"五石散一类的药剂以石钟乳为主，又掺加白术，两种药理完全相反，不明白这是什么道理。我就这事询问老年的医生，都说不出理由。考察《乳石论》说："矿物性药物的性质虽然温和，而体质沉重，一定要等到它们相互作用以后药性才会发散出来。"照这样的话，服用石钟乳多的人，势必会自己起作用，如果再用其他的药去触动它，药性就会发散得很厉害。在五石散中掺入各种药，用的石钟乳极少。势必不能自己起作用，需要借助其他的药物来刺激使它发散。如同火小，一定要被风鼓起来以后才能猛烈燃烧；火势已旺，再鼓风反而有害，这是自然的道理。所以孙思邈说："五石散是大猛急毒，宁可吃野葛，也不要服食五石散。遇到这一医方，就必须烧掉，不要成为生民的祸害。"又说："人不服食石钟乳，各种事体都不好。石钟乳在体内，万事安宁。只是不可服食五石散。"大概五石散把诸药中有害的特性聚集到了一起，又加上白术的激发，所以它发作起来非常猛烈。古人处方大致如此，不是这本书能概括完的。何况药书还有许多虚假之处，像《神农本草》是最古老的书，其中的错误尤其多，做医生的不可以不知道。

散笔作书

原文

古人以散笔①作隶书,谓之散隶。近岁蔡君谟又以散笔作草书,谓之散草,或曰飞草。其法②皆生于飞白,亦自成一家。

注释

①散笔:散开的毛笔。
②法:方法。

译文

古人用散笔写隶书,称为散隶。近年来蔡谟又用散笔写草书,称为散草。或者称为飞草。他的方法都出自于飞白,也自成一家。

卷七 技艺

矢 服

原文

古法以牛革为矢服①，卧②则以为枕，取其中虚，附地枕之，数里内有人马声，则皆闻之。盖虚能纳声③也。

注释

①矢服：即箭套。用兽皮或者竹木做成的盛箭器。
②卧：睡觉。
③虚能纳声：虚，指箭套中间是空的。纳，接受。虚能纳声，指由于从地面传来的声音通过箭套内空气振动而扩大，为枕套而卧的人所收听到。

译文

古代用牛皮做箭套，睡时就用它做枕头，利用它中间虚空的缘故，贴着地面而枕，几里外有人马走动的声音都能听见。这是因为从地面传来的声音通过箭套内空气振动而扩大，为枕套而卧的人所收听到。

神臂弓

原文

熙宁中，李定献偏架弩①，似弓而施干②镫。以镫距地而张之，射三百步，能洞③重扎④，谓之"神臂弓"，最为利器。李定本党项羌酋，自投归朝廷，官至防、团而死，诸子皆以骁勇雄于西边。

注释

①偏架弩：装着连杆和踏脚的弩。
②干：这里指弩身。它是一种像木匣的装置，可以用来挂弦和发射弩矢。
③洞：穿透。
④扎：铠甲上的铁片。

译文

熙宁年间，李定进献了一台偏架弩，形状像弓，但装有弩身和踏脚。把踏脚放到地上使弓张开，能射三百步那么远，能射穿两层铠甲片，被称为"神臂弓"，是一种最具杀伤力的兵器。李定本是党项羌的首领，自愿投降归附朝廷，做官一直做到防御使、团练使才死去，他的几个儿子都以勇猛矫健而称雄于西北边地。

古　剑

原文

古剑有沈卢、鱼肠之名。沈卢谓其湛湛然①黑色也。古人以剂钢②为刃，柔铁为茎干，不尔③则多断折。剑之钢者，刃多毁缺，巨阙是也。故不可纯用剂钢。鱼肠即今蟠钢④剑也，又谓之松文。取诸鱼燔熟，褫⑤去胁，视见其肠，正如今之蟠钢剑文也。

注释

①湛湛然：颜色深而清亮的样子。

②剂钢：高碳钢。

③尔：这样。

④蟠钢：即团钢，古代把生铁盘曲在熟铁中，经过烧炼锤打得到的钢就是团钢。

⑤褫：剥去、去掉。

译文

古剑有叫作沈卢和鱼肠这类名称。沈卢是说剑有深黑色的光泽。古人用剂钢做剑刃，用柔铁做剑身，不这样，剑就容易断折。过分刚硬的剑，剑刃容易毁缺，巨阙剑就是这样得名的，所以不能全用剂钢。鱼肠剑就是现在的蟠钢剑，又叫作松文剑。将鱼烧熟后，去掉胁部的肉，看到鱼肠子的排列形状，正像现在的蟠钢剑的花纹一样。

古 墓

原文

济州金乡县发一古冢,乃汉大司徒朱鲔墓,石壁刻人物、祭器、乐架之类。人之衣冠多品,有如今之幞头者,巾额皆方,悉①如今制②,但无脚耳。妇人亦有如今之垂肩冠者,如近年所服③角冠,两翼抱面,下垂及肩,略无小异。人情不相远④,千余年前冠服已尝如此。其祭器亦有类今之食器者。

注释

①悉:都。
②制:规格。
③服:穿戴。
④相远:相差很远。

译文

济州金乡县发现一座古墓,是汉代大司徒朱鲔的墓,石壁上刻画了人物、祭器、乐架等物品。人的衣冠有很多种,有类似今天的幞头的,巾额都是方形,和今天的规格完全相同,只是没有带子的。妇女也戴有像今天的垂肩冠,像近年所穿戴的角冠,两翼包住面部,下垂到肩部,几乎没有丝毫差别。人们的生活情况相差不远,千多年前的服饰就已经这样了。墓中的祭祀器物也与今天的类似。

凸面镜

原文

　　古人铸鉴。鉴大则平，鉴小则凸。凡鉴洼^①则照人而大，凸则照人面小。小鉴不能全视人面，故令微凸，收^②人面令小，则鉴虽小而能全纳人面。仍复量鉴之小大，增损高下，常令人面与鉴大小相若。此工之巧智，后人不能造^③。比^④得古鉴，皆刮磨令平，此师旷^⑤所以伤知音也。

注释

　　①洼：凹形。
　　②收：缩小。
　　③造：达到。
　　④比：近来。
　　⑤师旷：春秋时代晋国著名的乐师。

译文

　　古人铸造镜子，镜面大就做成平的，镜面小就做成凸面的。凡是凹面的镜子，照出的人脸就大，凸面的镜子，照出的人脸就小。小镜子无法照出人脸的全部，所以让它微微凸起，使照出的人脸形缩小，那么镜子虽小，却可以照出人的整个脸。还要重新测量镜子的大小，以此来增减镜子的凸凹，总是使照出的人脸与镜子的大小相当。这是工匠的奇巧智慧，后代人不能达到这样的水准。近来人们得到古镜，都将它刮磨成平的，这正是师旷哀伤缺少知音的原因。

肺　石

原文

长安故宫阙前，有唐肺石尚在，其制如佛寺所击响石而甚大，可长八九尺，形如垂肺，亦有款志①，但漫剥不可读。按《秋官大司寇》："以肺石达②穷民。"原③其义，乃伸冤者击之，立其下，然后士听其辞，如今之挝④登闻鼓也。所以肺形者，便于垂⑤。又肺主声，声所以达其冤也。

注释

①款志：所刻的铭文。
②达：使别人知道。
③原：探究。
④挝：敲击。
⑤垂：悬挂。

译文

长安古宫殿大门前还留有唐代的肺石，它的形状像寺庙里敲击用的响石，但是更大，长可以达到八九尺，形状如下垂的肺，也刻有题识，但字迹剥蚀不可以辨读。据《秋官大司寇》记载："用肺石使百姓的冤屈得以明达。"推究其用意，是伸冤者敲击肺石，站在它的下边，然后官吏聆听他的申述，正如今天敲击登闻鼓鸣冤一样。它之所以做成肺的形状，是为了便于垂挂。又因为肺管束声音，声音正是用来表达冤情的。

透光镜

原文

世有透光鉴，鉴背有铭文，凡二十字，字极古，莫能读。以鉴承①日光，则背文②及二十字，皆透在屋壁上，了了分明。人有原其理，以谓铸时薄处先冷，唯背文上差厚，后冷而铜缩多。文虽在背，而鉴面隐然有迹，所以于光中现。予观之，理诚如是。然予家有三鉴，又见他家所藏，皆是一样，文画铭字无纤异③者，形制甚古。唯此一样光透，其他鉴虽至薄者皆莫能透。意古人别自有术。

注释

①承：接受，引申为向着。
②文：通"纹"。
③纤异：细微的差别。

译文

世上有透光的镜子，镜的背面刻有铭文，总共二十个字，字形极为古朴，没有人能认读。把镜子放在阳光下，镜背面的花纹和二十个字就都透到房间的墙壁上，花纹和文字都清晰分明。有人分析它的原理，认为在铸造的时候，铜敷得薄的地方先冷，惟有镜背面有花纹的地方较厚，冷得慢而铜收缩多。文字虽然在镜背，但镜面上也隐隐有痕迹，所以在阳光中显现出来。我观察这面镜子，道理确实如此。然而我家中有三面镜子，又看到别人家收藏的镜子，都是一样式样，花纹和文字没有丝毫差别，样式都非常古朴。只有这一面镜子能透光，其他镜子虽然有很薄的，却都不能透光。估计古人自有别的方法吧。

海州弩机

原文

予顷年①在海州，人家穿地②得一弩机，其望山③甚长，望山之侧为小矩④，如尺之有分寸。原其意，以目注镞端⑤，以望山之度拟之，准其高下，正用算家勾股法也。《太甲》曰："往省括于度⑥则释。"疑此乃度也。汉陈王宠善弩射，十发十中，中皆同处，其法以"天覆地载，参连为奇，三微三小。三微为经，三小为纬，要在机牙"。其言隐晦难晓。大意"天覆地载"，前后手势耳；"参连为奇"，谓以度视镞，以镞视的，参⑦连如衡⑧，此正是勾股度高深之术也；三经三纬，则设之于垎⑨，以志其高下左右耳。予尝设三经、三纬，以镞注之发矢，亦十得七八。设度于机，定加密矣。

注释

①顷年：近年。

②穿地：挖地。

③望山：弩机上的一个部件，上面刻有尺度，可用来瞄准射击物，按照所射物的距离调整箭的仰角。

④矩：标尺、刻度。

⑤镞端：箭头。

⑥往省括于度：往，指射箭的时候。省，察看，检查。括，箭的末端。度，弩机望山上的刻度。

⑦参：通"三"。

⑧衡：通"横"。

⑨垎：这里指箭靶。

译文

我前几年在海州时,有人挖地得到了一个弩机,弩机的望山很长,望山的旁边有小的标记,像尺子一样有分寸刻度。推测其用意,是用眼睛瞄准箭头,再用望山的刻度校准它,从而确定箭头的高低,这正是采用算术家的勾股之法。《太甲》上记载说:"射箭的时候,查看箭尾和刻度,二者相合时就放箭。"估计说的就是这种刻度。汉代陈王刘宠擅长射弩箭,十发十中,而且射中的都是同一处。他的方法是"天覆地载,参连为奇,三微三小,三微为经,三小为纬,要在机牙"。这些话隐晦难懂,大意是:"天覆地载"指发射时前后手的姿势,"参连为奇"是说用望山的刻度对准箭头,箭头对准目标,三点连成一条平直的线,这恰好是使用勾股原理测定望山刻度高低的方法。三经三纬,是在箭靶上画三根垂直线和三根水平线,用来标明位置的上下左右。我曾经在箭靶上划出三经、三纬,用箭头瞄准它发射弩矢,发十支也能射中七八支。如果再在弩机上刻上刻度,一定会射得更准。

瘊子^①甲

原文

青堂羌善锻甲，铁色青黑，莹彻^②可鉴毛发，以麝皮为绲旅^③之，柔薄而韧。镇戎军有一铁甲，椟藏之，相传以为宝器。韩魏公帅泾原，曾取试之。去之五十步，强弩射之，不能入。尝有一矢贯扎^④，乃是中其钻空^⑤；为钻空所刮，铁皆反卷，其坚如此。凡锻甲之法，其始甚厚，不用火，冷锻之，比元厚三分减二乃成。其未留头许不锻，隐^⑥然如瘊子。欲以验未锻时厚薄。如浚河留土笋^⑦也。谓之"瘊子甲"。今人多于甲札之背隐起，伪为瘊子，虽置瘊子，但无非精钢，或以火锻为之，皆无补于用，徒为外饰而已。

注释

①瘊子：皮肤上的一种疮。
②莹彻：光洁明亮。
③绲旅：绲，这里指穿甲片的带子。旅，整齐排列，这里指穿扎。
④贯扎：贯，穿。扎，铁甲上的甲片。
⑤钻空：铁皮上用来穿带子的小孔。
⑥隐：突出。
⑦土笋：土桩。

译文

青堂羌人善于锻造铁甲。铁甲颜色青黑，表面光洁透亮可以照见毛发，用麝皮为带子穿起来，柔软轻薄而又坚韧。镇戎军有一副铁甲，用柜子珍藏着，作为宝物相传。韩魏公为泾原守帅时，曾拿出来试验过，距离

铁甲五十步的地方，用强弩射它。不能射进去。曾有一支箭射透了甲片，原来是射在穿绳的孔眼中，箭头被孔眼所刮，铁都反卷过来，它竟然坚硬到这样的地步。大凡锻甲的方法，开始时铁片很厚，不用火加热，用冷铁锻打，比原来的厚度减少三分之二就成了。在它的末端留有筷子头大小的一块不锻，突出来像瘊子，用来检验没有锻打时铁皮的厚度。好像在疏浚河渠时留下测量地面原来高度的土桩。这种铁甲称为"瘊子甲"。现在的人往往在甲片的背面造出突起的一块，假充瘊子，虽然这种甲片有瘊子，但原来就不是用精钢锻制，或是用加热锻打的办法后制作的，都无补于用，仅仅作为外表的装饰罢了。

唐代玉辂①

原文

大驾玉辂，唐高宗时造，至今进御。自唐至今，凡三至泰山登封，其他巡幸，莫记其数。至今完壮②，乘之安若山岳，以措杯水其上而不摇。庆历中，尝别造玉辂，极③天下良工为之，乘之动摇不安，竟废不用。元丰中，复④造一辂，尤极工巧，未经进御，方陈于大庭，车屋适⑤坏，遂压而碎，只用唐辂。其稳利坚久，历世不能窥⑥其法。世传有神物护之，若行诸辂之后，则隐然有声。

注释

①辂：辕车的横木。
②完壮：保存完好。
③极：通"集"，聚集。
④复：又。
⑤适：正当。
⑥窥：探究。

译文

皇帝的玉辂大驾，是唐高宗那时制作的，到现在仍为皇帝所用。从唐朝到现在，总共有三次到泰山登顶封禅，至于巡幸其他地方的次数，真是不计其数。玉辂到现在仍然完好结实，坐上去安稳如山岳，即使放杯水在上面也不会摇晃。

庆历年中，曾经另外制作了一辆玉辂，聚集了天下最高明的能工巧匠来制作。坐上去后却动摇不稳，终于废弃不再使用。

　　元丰年中，又制作了一辆玉辂，做工非常精致，还没有进献给皇上，只是陈放在大庭中，正遇上车屋倒塌，玉辂被压碎，以后只能继续用唐时玉辂。它非常稳固，经久耐用，历朝历代都不能勘破其中的奥妙。人们相传有神物护卫它，如果它行走在其他车辆的后面，便会隐隐然似乎有声发出。

卷八　讥谑

文章弊病

原文

司马相如叙上林诸水曰："丹水、紫渊，灞、浐、泾、渭，八川分流，相背而异态，灏溔潏漾①，东注太湖。"李善注："太湖，所谓震泽。"按八水皆入大河，如何得东注震泽？又白乐天《长恨歌》云："峨嵋山下少人行，旌旗无光日色薄。"峨嵋在嘉州，与幸蜀路全无交涉②。杜甫《武侯庙柏》诗云："霜皮溜雨四十围，黛色参天二千尺。"四十围乃是径七尺，无乃太细长乎？防风氏身广③九亩，长三尺，姬室亩广六尺，九亩乃五丈四尺，如此防风之身，乃一饼馅耳。此亦文章之病也。

注释

①灏溔潏漾：水浩荡没有边际的样子。
②交涉：关系。
③广：宽。

译文

司马相如叙述上林苑的各条河流时说："丹水、紫渊、灞水、浐水、泾水、渭水，八条河各自分流，方向相反而且形态各异，浩浩荡荡没有边

际,向东流入太湖。"唐代李善注释说:"太湖,就是所谓的震泽。"按八条河都注入黄河,怎么能向东流入震泽呢?又有白居易在《长恨歌》中说:"峨嵋山下少人行,旌旗无光日色薄。"峨嵋在嘉州,与唐玄宗去蜀地的道路毫无关系。杜甫在《武侯庙柏》诗中说:"霜皮溜雨四十围,黛色参天二千尺。"四十围就是树干直径达七尺,这岂不是太细长了吗?古书中说防风氏身宽九亩,高三丈,按周代制度,一亩宽六尺,九亩就是五丈四尺,这样看来,防风氏的身体竟是一块大馅饼般的东西。这也是文章的弊病啊。

梅询叹识字

原文

梅询为翰林学士,一日,书诏颇多,属思甚苦,操觚①循阶而行。忽见一老卒,卧于日中,欠伸甚适。梅忽叹曰:"畅哉!"徐问之曰:"汝识字乎?"曰:"不识字。"梅曰:"更快活也!"

注释

①觚:一种盛酒的容器。

译文

梅询是翰林学士,一天要完成的书信和诏书非常多,思虑得非常辛苦,就拿着酒杯沿台阶散步。忽然看到一个老兵,睡在日头下,打呵欠伸懒腰非常舒适安逸的样子。梅询忽而感叹道:"畅快啊!"慢慢问那老兵:"你识字吗?"答道:"不识字。"梅询说:"更加快活啊!"

绯袈裟

原文

有一南方禅到京师,衣间绯①袈裟。主事僧素不识南宗②体式,以为妖服,执归有司。尹正见之,亦迟疑未能断。良久,喝出禅僧,以袈裟送报慈寺泥迦叶披之。人以谓此僧未有见处,却是知府具一只眼。

注释

①绯:红色。

②南宗:佛教自东汉传入中国后,分为两派,一是以神秀为代表的北宗禅,一是以惠能为代表的南宗禅。

译文

有一个南方僧人来到京师,穿的是夹杂着红色的袈裟。主事的僧人不知道这是佛教南宗的规格样式,认为是妖服,把他捉到官府问罪。尹正见了这种情况,也犹豫着不能决断。过了很久,叫出那个南方僧人,把袈裟送到报慈寺,给泥塑的迦叶菩萨披上。人们都认为没有见过这样的僧人,但是知府大人别具慧眼。

蚊虻

原文

信安、沧、景之间，多蚊虻。夏月，牛马皆以泥涂之，不尔[1]多为蚊虻所毙。郊行不敢乘马，马为蚊虻所毒，则狂逸不可制。行人以独轮小车，马鞍蒙之以乘，谓之"木马"。挽车者皆衣韦裤[2]。冬月作小坐床，冰上拽之，谓之"凌床"。予尝按察河朔[3]，见挽床者相属[4]，问其所用，曰："此运使凌床"，"此提刑凌床"也。闻者莫不掩口[5]。

注释

[1]不尔：不这样。
[2]衣韦裤：穿上皮做的裤子。
[3]河朔：黄河以北的地方。
[4]相属：一个又一个。
[5]掩口：笑时捂住口。

译文

信安，沧州、景县一带，有许多蚊虻。夏天，牛和马身上都涂上泥，不这样的话多数牛马会被蚊虻叮死。去郊外不敢骑马，马如果被蚊虻的毒液刺激，就会狂奔无法阻止。行人使用独轮小车，用马鞍蒙上而坐，称为"木马"。拖车的人都穿上皮做的裤子。冬天做成小的坐床，在冰上拖拽，称做"凌床"。我曾经考察过河北，看到拉凌床的一个接一个，问它们有什么用，回答说："这是转运使的凌床（灵床）"，"这是提刑的凌床（灵床）"。听的人没有不掩口而笑的。

石延年赋落第诗

原文

石曼卿初登科,有人讼①科场,覆考落数人,曼卿是其数。时方期集于兴国寺,符至②,追所赐敕牒靴服。数人皆啜泣而起,曼卿独解靴袍还使人,露体戴幞头,复坐,语笑终席而去。次日,被黜③者皆授三班借职。曼卿为一绝句曰:"无才且作三班借,请俸争如录事参。从此罢称乡贡进,且须走马东西南。"

注释

①讼:诉讼、告状的意思。
②符至:朝廷的命令传到。
③黜:革职。

译文

石曼卿刚考中进士,有人状告科场考试不公,又进行重考,有数人落选,石曼卿就是其中之一。当时石曼卿等人正聚集于兴国寺,朝廷的命令传到,追回赐与的敕牒和靴子服装。几个人全是哭着站起来,只有石曼卿脱下靴袍还给使者,裸露着身体戴着头巾,又坐下,接着谈笑一直到聚会结束才离开。第二天,被废免的人都被授予三班借职。石曼卿写了一首绝句说:"无才且作三班借,请俸争如录事参,从此罢称乡贡进,且须走马东西南。"

俗语为文

原文

吴人多谓梅子为"曹公",以①其尝②望梅止渴也。又谓鹅为"右军",以其好养鹅也。有一士人遗人醋梅与焊鹅③,作书云:"醋浸曹公一瓻,汤焊右军两只,聊备于馔。"

注释

①以:因为。
②尝:曾经。
③焊鹅:炖好的鹅。

译文

吴地的人常常把梅子称做"曹公",因为曹操曾经望梅止渴。又把鹅叫作"右军"。因为王羲之非常喜欢鹅。有一位书生送酸梅和炖鹅给人,写信道:"醋浸曹公一瓻,汤焊右军两只,聊备于馔。"

卷九　杂志一

石　油

原文

鄜、延境内有石油，旧说"高奴县出脂水"，即此也。生于水际，沙石与泉水相杂，惘惘而出①，土人以雉尾裛②之，用采入缶中。颇似淳漆，然之如麻，但烟甚浓，所沾幄幕皆黑。予疑其烟可用，试扫其煤以为墨，黑光如漆，松墨不及也，遂大为之，其识③文为"延川石液"者是也。此物后必大行于世，自予始为之。盖石油至多，生于地中无穷，不若松木有时而竭。今齐、鲁间松林尽矣，渐至太行、京西、江南，松山大半皆童④矣。造煤人⑤盖未知石烟之利也。石炭烟亦大，墨人衣⑥。予戏为《延州诗》云："二郎山下雪纷纷，旋卓穹庐学塞人。化尽素衣冬未老，石烟多似洛阳尘。"

注释

①惘惘而出：形容石油缓缓冒出。

②裛：粘。

③识：刻上的字。

④童：山上不长草，光秃秃的样子。

⑤造煤人：制造墨的人。

⑥墨人衣：把衣服熏黑。

译文

鄜州、延州一带产石油，古书记载的"高奴县出脂水"，就是指的这种东西。石油出产在水边，那儿沙石和泉水相混杂，石油慢慢地溢出，当地人用野鸡尾部的羽毛把油粘上来，采在瓦罐里。石油很像淳漆，燃起来就像烧麻秆一样，但是烟很浓，把营帐都熏黑了。我猜想这种烟可以利用，就试着扫了一些烟灰来做墨，这种墨黝黑发亮像漆一样，即使松墨也比不上，于是大量生产，那些带有"延州石液"字样的就是这种墨。这种东西今后一定会在社会上广泛流传，从我最初制作使用它开始。大概石油非常多，地下的蕴藏没有穷尽，不像松木那样总有一天会用完。现在齐、鲁一带的松树林已经砍光了，渐渐地连太行山区、京西、江南一带的松山也大部分砍伐得成为秃山了。造墨的人大概还不知道用石油烟的好处。煤的烟也很浓，可以把人们的衣服熏黑。我戏作了一首《延州诗》："二郎山下雪纷纷，旋卓穹庐学塞人。化尽素衣冬未老，石烟多似洛阳尘。"

盐南风

原文

解州①盐泽之南，秋夏间多大风，谓之"盐南风"，其势发②屋拔木，几欲动地，然东与南皆不过中条，西不过席张铺，北不过鸣条，纵广止于数十里之间。解盐不得此风不冰③，盖大卤之气相感④，莫知其然也。又汝南⑤亦多大风，虽不及盐南之厉，然亦甚于他处，不知缘何如此？或云："自城北风穴山中出。"今所谓风穴者，已夷⑥矣，而汝南自若，了知非有穴也。方谚云："汝州风，许州⑦葱。"其来素⑧矣。

注释

①解州：解州古称解梁，是三国蜀汉名将关羽的故乡，即今运城市盐湖区解州镇。

②发：这里是摧毁的意思。

③冰：结晶。

④相感：相互作用。

⑤汝南：古属豫州，位于河南省驻马店市东部。

⑥夷：夷为平地。

⑦许州：即今河南省许昌市，位于河南省中部。

⑧素：由来已久。

译文

解州盐池的南边，在秋夏之际常刮大风，被人们称为"盐南风"。风势大到可以摧毁房屋拔起树木，几乎可以撼动大地了。但是这风往东往南都不会过中条山，往西不过席张铺，往北不过鸣条山，纵横仅在几十里之内。解盐若没有这种风就不会结晶，大概是大卤的气与风相感应的缘故，但没有谁知道其中的缘故。另外汝南也多刮大风，虽然比不上盐南的风凌厉，但比其他地方的风厉害多了，不知为什么会这样。有人说："风来自城北的风穴山。"今天所谓的风穴山，已经成为平地了，而汝南的风还是那么厉害，可知并不是因为有风穴。民间谚语说："汝州风，许州葱。"可见这种风由来已久了。

赵普治宅

原文

赵韩王治第①,麻捣钱一千二百余贯,其他可知。盖屋皆以板为笪,上以方砖瓷②之,然后布瓦,至今完壮③。涂壁以麻捣土,世俗遂谓涂壁麻为麻捣。

注释

①治第:修建房屋。
②瓷:砌。
③完壮:完整结实。

译文

韩王赵普修建宅第,光是支付加在墙壁中的麻线就花了一千二百多贯,其他用费之多可想而知。房顶上都用木板代替竹席作天棚,上面用方形砖砌好,然后铺上瓦,房屋至今完好雄壮。墙壁涂上参杂了麻线在里面的泥土,人们就把这种涂在墙壁的麻线叫作麻捣。

契丹跳兔

原文

契丹北境有跳兔①,形皆兔也,但前足才寸许,后足几一尺。行则用后足跳,一跃数尺,止则蹶然②扑地。生于契丹庆州之地大漠中。予使虏③日,捕得数兔持归。盖《尔雅》所谓蟨兔也,亦曰"蛩蛩驱驉"也。

注释

①跳兔:今称跳鼠。
②蹶然:突然。
③使虏:出使契丹。

译文

契丹北部有种动物叫跳兔,形状和兔子完全一样,但前脚只有一寸多长,后脚几乎有一尺长。行进的时候就用后脚跳,一跃能有几尺远,停止的时候就骤然仆倒在地。跳兔生长在契丹国庆州一带的荒漠中。我出使契丹时,捕获了几只带回来。这种动物大概就是《尔雅》中所说的"蟨兔虫",也叫作"蛩蛩驱与驉"。

白 雁

原文

北方有白雁,似雁而小,色白,秋深则来。白雁至则霜降,河北人谓之"霜信"。杜甫诗云:"故国①霜前白雁来。"即②此也。

注释

①故国:故乡。
②即:就是。

译文

北方有种白雁,样子像雁但体积较小,浑身白色,深秋时节就飞来。每当白雁到就有霜降,黄河以北一带的居民叫它"霜信"。杜甫的诗句说:"故国霜前白雁来。"指的就是这种雁。

淤田法

原文

熙宁中,初行淤田法①。论者以谓《史记》所载:"泾水一斛②,其泥数斗,且粪且溉,长我禾黍③。"所谓粪,即淤也。予出使至宿州,得一石碑,乃唐人凿六陡门④,发汴水以淤下泽,民获其利,刻石以颂刺史之功。则淤田之法,其来盖久矣。

注释

①淤田法:指把带泥沙的河水放入田中,待泥沙沉淀后再将水放掉,以改良土壤扩大耕地面积。
②斛:古代的容量单位,十斗为一斛。
③禾黍:泛指庄稼。
④陡门:斗门、闸门。

译文

熙宁年间,开始推行"淤田法"。议论的人认为《史记》中记载的"泾水一斛,其中的泥沙有几斗。既灌田又施肥,使我们的庄稼长得绿油油",其中所说的粪,就是淤田。我出使到宿州,发现一块石碑,原来是唐人开凿六座斗门,截引汴河水对下游的沼泽地进行淤田,人民得到了好处,刻了石碑来赞颂刺史的功绩。可见淤田的方法,由来大概已经很久了。

海陆变迁

原文

予奉使①河北，遵②太行而北，山崖之间，往往衔③螺蚌壳及石子如鸟卵者，横亘石壁如带。此乃昔之海滨，今东距海已近千里。所谓大陆④者，皆浊泥所湮耳。尧殛鲧⑤于羽山，旧说在东海中，今乃在平陆。凡大河、漳水、滹沱、涿水、桑乾之类，悉是浊流。今关、陕以西，水行地中，不减百余尺，其泥岁东流，皆为大陆之土，此理必然。

注释

①奉使：奉命出使。

②遵：沿着。

③衔：嵌。

④大陆：指华北平原。

⑤尧殛鲧：尧指舜。殛，杀死。鲧，是禹的父亲，因治水无功被尧的继承人舜杀死。

译文

我奉命出使河北，沿着太行山往北走，只见山崖中间，往往嵌有海螺海蚌的化石以及很像鸟蛋的石头，仿佛一条长带子横贯在石壁中。这里乃是过去的海滨，现在东面距离大海已有近千里远了。这儿的大陆，都是水中混浊泥沙沉积而成的。舜在羽山杀死鲧，过去传说在大海中，现在羽山是在平坦的陆地上了。黄河、漳河、滹沱河、涿水河、桑干河等等，都是混浊的河流。现在潼关、陕县以西的地方，由于河流在地面以下流动，使河床低于地面不少于一百多尺，那些泥沙年年往东流，都沉积而成陆地上的泥土，这是必然的道理。

江淮河道

原文

唐李翱为《来南录》云:"自淮沿流,至于高邮,乃诉至于江。"《孟子》所谓"决汝、汉,排淮、泗而注之江。"则淮、泗固尝入江矣。此乃禹之旧迹①也。熙宁中,曾遣使按图求之,故道宛然。但江、淮已深,其流无复能至高邮耳。

注释

①迹:路线。

译文

唐代李翱作《来南录》说:"从淮河顺流而下,可以到达高邮,溯流而上可到长江。"《孟子》所说的"疏浚汝水、汉水,清理淮河、泗水河道,而注入长江。"淮河、泗水确实曾经流入过长江,这是大禹治水的旧路线。熙宁年间,朝廷曾派遣使臣按图寻找过,河流的故道依然还在。但是长江、淮河的河道已经很深,水流再不能流到高邮了。

朱砂的变化

原文

予中表兄李善胜，曾与数年辈炼朱砂①为丹。经岁予，因沐②砂再入鼎，误遗下一块，其徒丸服之，遂发懵冒③，一夕而毙。朱砂至凉④药，初生婴子可服，因火力所变，遂能杀人。以变化相对言之，既能变而为大毒，岂不能变而为大善？既能变而杀人，则宜有能生人之理，但未得其术耳。以此和神仙羽化之方，不可谓之无，然亦不可不戒也。

注释

①朱砂：矿物名，即硫化汞，可入药。

②沐：洗。

③懵冒：昏迷。

④至凉：至，极。凉，通"良"。

译文

我的表哥李善胜，曾和几个同辈人一起炼朱砂为丹。一年多以后，因为洗朱砂再次放入鼎中，无意中留下一块，他的徒弟搓成丹丸服食了，于是就昏迷过去，过了一夜死去。朱砂是一种很好的药，初生的婴儿都可以服用，只是因为经火炼过后发生了变化，就能毒死人。就物体间相互转化的情况来说，既能把朱砂变成大毒，难道就不能把它变成大善吗？既然能变化从而毒死人，就应该有能够救人回生的道理，只是没有掌握这种技术罢了。由此可知神仙得道羽化的丹方，不能说没有，但也不能不谨慎。

雁荡山

原文

　　温州雁荡山，天下奇秀，然自古①图牒，未尝有言者。祥符中，因造玉清宫，伐山②取材，方有人见之，此时尚未有名。按西域书③，阿罗汉诺矩罗居震旦东南大海际雁荡山芙蓉峰龙湫。唐僧贯休为《诺矩罗赞》，有"雁荡经行云漠漠，龙湫宴坐雨蒙蒙"之句。此山南有芙蓉峰，峰下芙蓉驿，前瞰大海，然未知雁荡、龙湫所在。后因伐木，始见此山。山顶有大池。相传以为雁荡。下有二潭水，以为龙湫。又以经行峡、宴坐④峰，皆后人以贯休诗名之也。谢灵运为永嘉守，凡永嘉山水，游历殆遍，独不言此山，盖当时未有雁荡之名。予观雁荡诸峰，皆峭拔险怪，上耸千尺，穹⑤崖巨谷，不类他山。皆包在诸谷中，自岭外望之，都无所见；至谷中，则森然干⑥霄。原其理，当是为谷中大水冲激，沙土尽去，唯巨石岿然挺立耳。如大小龙湫、水帘、初月谷之类，皆是水凿之穴。自下望之，则高岩峭壁；从上观之，适与地平，以至诸峰之顶，亦低于山顶之地面。世间沟壑中水凿之处，皆有植土龛岩，亦此类耳。今成皋、峡西大涧中，立土动及⑦百尺，迥然⑧耸立，亦雁荡具体而微者，但此土彼石耳。既非挺出地上，则为深谷林莽所蔽，故古人未见，灵运所不至，理不足怪也。

注释

①图牒：图文典籍。

②伐山：开山。

③西域书：指从西域一带传来的佛教书籍。

④宴坐：悠闲静坐。

⑤穹：高大。

⑥干：干犯、接触。

⑦动及：往往达到。

⑧迥然：突出地。

译文

温州雁荡山，是天下风景奇秀的地方，然而自古以来的图文典籍中都没有提到过。祥符年间，因为建造玉清宫，进山砍伐木材，才有人发现了它，这时还没有名气。据西域佛经记载，阿罗汉诺矩罗，居住在中国东南大海之滨的雁荡山芙蓉峰的龙湫。唐代和尚贯休写《诺矩罗赞》，有"雁荡经行云漠漠，龙湫宴坐雨蒙蒙"的句子。这座山的南面有芙蓉峰，峰下有芙蓉驿，前面可以俯瞰大海，然而当时不知道雁荡、龙湫在什么地方。后来因为砍伐木材，才发现这座山。山顶有大池，相传这就是雁荡，池下有两个水潭，相传这就是龙湫。又有经行峡、宴坐峰，都是后人用贯休的诗句命名的。谢灵运任永嘉太守的时候，凡是永嘉境内的山水，他几乎都游历遍了。唯独没有提到雁荡山，大概当时还没有雁荡这个名称吧。我观察雁荡山的各个山峰，都陡峭挺拔险怪，向上高耸千尺，高崖深谷，不像别的山，它完全被包围在各个山谷之中。从岭外看，什么都看不见；到了山谷中，就看到山峰陡峭，直插云霄。推究它的成因，应该是被山谷中的大水冲激，沙土都冲走了，只有巨石笔直挺立。像大小龙湫、水帘、初月谷等水潭，都是流水冲凿而成的洞穴。从下往上望，则是高耸的山崖峭壁；从上往下看，则恰好与地面相平，甚至许多山峰的峰顶，还比山顶的地面低。世上沟壑凡是被水冲凿而成的，都有直立的土和布满洞穴的岩石，也是这种情况。今天成皋、陕西的大山涧中，直立的土柱往往有几百尺高，突出地耸立在那里，也是雁荡山具体而微的缩影，只不过这里是土，那里是岩石罢了。雁荡山既然没有挺出于地面，就被深谷中的密林茂草遮蔽，所以古人没有发现，谢灵运没有到过这里，按理也不值得奇怪了。

海上来客

原文

嘉祐中，苏州昆山县海上，有一船桅折，风飘抵岸。船中有三十余人，衣冠如唐人，系红鞓角带，短皂布衫。见人皆恸哭，语言不可晓。试令书字，字亦不可读。行则相缀①如雁行。久之，自出一书示人，乃唐天祐中告授屯罗岛首领陪戎副尉制；又有一书，乃是上高丽表，亦称屯罗岛，皆用汉字。盖东夷之臣属高丽者。船中有诸谷，唯麻子大如莲的，苏人种之，初岁亦如莲的，次年渐小。数年后只如中国麻子。时赞善大夫韩正彦知昆山县事，召其人，犒②以酒食。食罢，以手捧首而笑，意若欢感。正彦使人为其治桅，桅旧植③船木上，不可动，工人为之造转轴，教其起倒之法。其人又喜，复捧首而笑。

注释

①缀：紧跟。
②犒：犒劳、奖赏。
③植：安装。

译文

嘉祐年间，苏州昆山县的海上，有只船桅杆被折断了，风将船吹送到岸边。船上有三十多人，衣着打扮像唐朝人，腰系红色皮革的角带，身穿短黑布衫。看见人他们都大哭，所说的话完全听不懂。试着要他们写字，所写的字也无法认读，走路则相互紧跟像大雁阵形。过了很久，才拿出一份文件给大家看，是唐朝天祐年间任命屯罗岛的首领为陪戎副尉的诏书。他们又出示一份文件，是《上高丽表》，也称他们是屯罗岛人，都用汉字，

大概是臣属于高丽的东夷人。他们所乘的船中载有各种谷物,只有麻子像莲子般大,与众不同。苏州人试着种下它们,第一年结的果实也像莲子般大,第二年就小些,几年后就和中国的麻子一样了。当时,赞善大夫韩正彦任苏州昆山县知县,召见了他们,以美酒佳肴犒劳这些屯罗岛人,他们吃完后,用手捧着头笑,好像是在表达感激之情。韩正彦派人为他们修理桅杆,桅杆是以前安装在做船的木头上的,无法转动,于是工匠为他们制造了一个转轴,并教会他们起倒的方法。他们又非常高兴,再次捧着头而笑以示谢意。

磁石指南

原文

方家①以磁石磨针锋，则能指南，然常微偏东，不全南也。水浮多荡摇。指爪②及碗唇上皆可为之，运转尤速，但坚滑易坠，不若缕悬③为最善。其法取新纩④中独茧缕，以芥子许蜡，缀于针腰，无风处悬之，则针常指南。其中有磨而指北者。予家指南、北者皆有之。磁石之指南，犹柏之指西，莫可原其理。

注释

①方家：指精通某种技术并以此作为职业的人，包括医、卜、星、相一类人。

②指爪：指甲。

③缕悬：用丝线悬挂。

④纩：丝绵。

译文

行家用磁石去磨针尖，针尖就能指向南方，然而常常稍微偏东，并不完全指向正南方。把磁针浮在水面上，常晃荡不停。放在指甲上和碗边上也都可以的，磁针转动更加迅速，但这些地方坚硬光滑，磁针容易掉落，不如用丝线悬挂为最好。其方法是从新丝棉中抽取一根蚕丝，用芥菜籽大小的一点蜡，把丝线粘在磁针的腰部，悬挂在没有风的地方，那么磁针就常常指向南方。磁针也有经磨后指向北的。我家的磁针，指南指北的都有。磁石的指南，如同柏树树叶的指向西方，不能推究出其中的道理。

鹿奴诗

原文

信州杉溪驿舍①中，有妇人题壁数百言，自叙世家本士族，父母以嫁三班奉职鹿生之子。娩娠②方三日，鹿生利③月俸，逼令上道，遂死于杉溪。将死，乃书此壁，具④逼迫苦楚之状，恨父母远，无地赴诉。言极哀切，颇有词藻，读者无不感伤。既死，稿葬⑤之驿后山下。行人过此，多为之愤激，为诗以吊⑥之者百余篇。人集之，谓之《鹿奴诗》，其间甚有佳句。鹿生，夏文庄家奴，人恶⑦其贪忍，故斥为"鹿奴"。

注释

①驿舍：古代设于交通要道，供过往官吏、公差人员食宿的房舍。
②娠：分娩。
③利：贪利、贪图。
④具：详细描述。
⑤稿葬：草草埋葬。
⑥吊：同"悼"。
⑦恶：厌恶、憎恨。

译文

信州杉溪驿站中，有位妇人在墙壁上题写了一首几百字的诗，叙述自己家里世代都是读书人，父母将她嫁给了三班奉职鹿生的儿子。刚刚分娩三天，鹿生贪图每月的俸禄，逼她跟着赴任，终于死在杉溪。临死的时候，写了这首诗在墙上，详细描述了被逼迫痛苦凄楚的情形，可恨父母远在他乡，没有地方可以倾诉。诗中言辞极其哀婉悲切，很有些文采，读过的人没有不感伤的。妇人死后，被草草埋在驿站后面的山下。行人路过这个地方，很多人为此愤慨激动，为吊唁她而作的诗就有一百多篇。有人把这些诗汇集起来，题名《鹿奴诗》，里面很有些佳句。鹿生是夏文庄的家奴，人们憎恶他的贪婪残忍，因而指斥他为"鹿奴"。

士族兴衰

原文

士人以氏族相高①，虽从古有人，然未尝著盛。自魏氏铨②总人物，以氏族相高，亦未专任门地。唯四夷则全以氏族为贵贱，如天竺以刹利、婆罗门二姓为贵种；自余皆为庶姓，如毗舍、首陀是也；其下又有贫四姓，如工、巧、纯、陀是也。其他诸国亦如是。国主大臣，各有种姓，苟非贵种，国人莫肯归之；庶性虽有劳能③，亦自甘居大姓之下，至今如此。自后魏据中原，此俗遂盛行于中国，故有八氏、十姓、三十六族、九十二姓。凡三世公者曰"膏粱"，有令仆者曰"华腴"。尚书、领、护而上者为"甲姓"，九卿、方伯者为"乙姓"，散骑常侍、太中大夫者为"丙姓"，吏部正员郎为"丁姓"。得人者谓之"四姓"。其后迁易纷争，莫能坚定，遂取前世仕籍④，定以博陵崔、范阳卢、陇西李、荥阳郑为甲族。唐高宗时又增太原王、清河崔、赵郡李，通谓"七姓"。然地势相倾，互相排抵，各自著书，盈编连简⑤，殆数十家，至于朝廷为之置官撰定。而流习所徇⑥，扇以成俗，虽国势不能排夺。大率高下五等，通有百家，皆谓之士族⑦，此外悉为庶姓，婚宦皆不敢与百家齿⑧，陕西李氏乃皇族，亦自列在第三，其重族望如此。一等之内，又如岗头卢、泽底李、土门崔、靖恭杨之类，自为鼎族⑨。其俗至唐末方渐衰息。

注释

①氏族相高：氏族，同姓氏的宗族。相高，互相夸耀。

②铨：评论。

③劳能：功劳和才能。

④仕籍：官员姓名簿。

⑤盈编连简：编、简，指书籍。盈编连简，形容著书很多。

⑥徇：曲从。

⑦士族：世代做官的家族。

⑧齿：牙齿，引申为并列。

⑨鼎族：豪门贵族。

译文

　　士人以出身于世代有名的氏族而相互夸耀，虽说从古以来就有，但没有大为盛行。从魏国开始评论人物，以氏族地位来衡量高下，也还没有专以门第作为选官的标准。只有四周的夷人完全以氏族来划分贵贱。例如天竺国把刹利、婆罗门这两种姓尊为贵族的种姓；这以外的都是平民的种姓，如毗舍、首陀等就是这一类的；平民之下又有四种贱民的种姓，如工、巧、纯、陀就是这一类的。其他夷国也是像这样划分等级。国家的君主和大臣，各有不同的种姓，倘若不是贵族的种姓，这些国家的人民没有肯归服他们的；平民虽然有功劳和才能，也自愿生活在贵族的种姓之下，到现在都是这样。自从后魏占据中原，这种风俗就在中原盛行开来，所以有了八氏、十姓、三十六族、九十二姓这些属于少数民族贵族的姓氏。凡是三代都做"三官"这个职位的人，称为"膏粱"；任职尚书令、左右仆射的人，称为"华腴"；任职尚书、领军、护军的人，其姓氏为"甲等"；任职九卿、方伯的人，其姓氏为"乙等"；任职散骑常侍、太中大夫的人，其姓氏为"丙等"；任职吏部正员郎的，其姓氏为"丁等"。符合这些条件的叫作"四姓"。之后氏族们互相争夺族位贵贱，谁也不能最终肯定，于是取前朝的官员姓名簿，定下博陵的崔、范阳的卢、陇西的李、荥阳的郑为甲等氏族。唐高宗的时候又在这一等级增加太原的王、清河的崔、赵郡的李三个姓，通称位"七姓"。但是他们的地位和势力差不多，更是互相排挤攻击，各自写书，争论姓氏贵贱的著述非常之多，大概有几十家都参与其中。以至朝廷为此专门设官撰写，然而习惯相沿，成为风俗，虽施用

国家权力也不能排除当时的门阀势力。大概把姓氏分为高下五个等级,通过包含了百家的姓氏,都称为士族。这之外的都是平民的姓氏,无论婚姻还是做官都不敢和这百家士族并列。陕西李氏是唐朝的贵族,也只列在士族的第三等。当时重视族望竟然达到了这种程度。第一等的士族中,又如冈头的卢、泽底的李、土门的崔、靖恭的杨这一类,是最高的豪门贵族。这一习俗直到唐朝末年才渐渐减弱。

茶 芽

原文

茶芽，古人谓之雀舌、麦颗，言其至嫩也。今茶之美者，其质素良，而所植之土又美①，则新芽一发，便长寸余，其细如针。唯芽长为上品，以其质干、土力皆有余故也。如雀舌、麦颗者，极下材②耳，乃北人不识，误为品题③。予山居有《茶论》，《尝茶》诗云："谁把嫩香名雀舌？定知北客未曾尝。不知灵草天然异，一夜风吹一寸长。"

注释

①美：指土壤适合茶的生长。
②下材：低等。
③品题：品评。

译文

茶芽。古人称它雀舌、麦颗，说明它极其细嫩。现在好的茶叶，品质本来就很优良，而且栽种的土壤又很肥沃，所以新芽一发就长出一寸多长，像针一样尖细。只有这种芽长的是上品，因为这类茶树的植株和土壤肥力都有劲的缘故。像雀舌、麦颗之类的茶，是极为下等的。由于北方人不了解，错误地把它评为好茶。我在山居期间写有《茶论》，书中《尝茶》诗说："谁把嫩香名雀舌？定知北客未曾尝。不知灵草天然异，一夜风吹一寸长。"

小核荔枝

原文

闽中①荔枝,核有小如丁香者,多肉而甘。土人亦能为②之,取荔枝木去其宗根,仍火燔③令焦,复种之,以大石抵其根,但令傍根④得生,其核乃小,种之不复芽。正如六畜去势⑤,则多肉而不复有子耳。

注释

①闽中:现福建一带。
②为:这里指种植。
③燔:烧、烤。
④傍根:侧生的根。
⑤势:雄性生殖器。

译文

福建有一种荔枝,它的核像丁香那么小,肉多且甜。当地人也能种植它,选取荔枝树苗,去掉主根,再用火烧使树皮变焦,然后栽下去,用大石头压住它的根部,只让旁根生长,这样种得荔枝核就很小,把核种到地里去也不发芽,正如把马、牛、羊、猪、鸡、狗阉割后,则肉多却不再生育后代一样。

傍不肯杀虫

原文

元丰中，庆州界生子方虫①，方为秋田之害。忽有一虫生，如土中狗蝎，其喙有钳，千万蔽地②。遇子方虫，则以钳搏之，悉为两段。旬日③，子方皆尽，岁以大穰④。其是旧曾有之，土人谓之"傍不肯"。

注释

①子方虫：即黏虫，主要危害小麦、玉米。
②蔽地：满地都是。
③旬日：十多天过后。
④穰：丰收。

译文

元丰年间，庆州地界生了黏虫，正在成为秋田庄稼的危害，忽然有一种虫子出现，样子像土中的狗蝎虫，嘴部育钳，成千上万只多到满地都是。遇上黏虫，就用钳夹住，全都被夹成两段。十多天后，黏虫都绝迹了，这一年获得了大丰收。这种虫过去也有过，当地人称为"傍不肯"。

芋梗疗伤

原文

处士刘易,隐居王屋山,尝于斋①中见一大蜂,粘于蛛网,蛛搏之,为蜂所螫坠地。俄顷,蛛鼓腹欲烈②,徐行入草。蛛啮③芋梗微破,以疮就啮处磨之,良久腹渐消,轻躁如故。自后人有为蜂螫者,援④芋梗傅之则愈。

注释

①斋:书房。
②烈:通"裂"。
③啮:咬破。
④援:捣碎。

译文

处士刘易隐居在王屋山时,曾在书房里看见一只很大的蜂,被蛛网粘住了,蜘蛛与它博斗,被螫了后掉在地上。一会儿,蜘蛛腹部鼓胀像要裂开似的,慢慢爬进草丛,用嘴咬破一根芋梗,把被蜂螫的地方贴在芋梗咬破的地方磨擦,过了很久,鼓胀的腹部渐渐消退,行动也恢复了原来的样子。从此以后,被蜂螫了的人,把芋梗揉碎后贴在伤处,就能治愈。

镇阳池苑

原文

镇阳池苑之盛，冠于诸镇，乃王镕时海子园也。镕尝馆①李正威于此。亭馆尚是旧物，皆甚壮丽。镇人喜大言②，矜③大其池，谓之"潭园"，盖不知昔尝谓之"海子"矣。中山人常好与镇人相雌雄④，中山城北园中亦有大池，遂谓之海子，以压镇⑤之潭园。予熙宁中奉使镇定，时薛师政⑥为定帅，乃与之同议，展海子直抵西城中山王冢⑦，悉为稻田。引⑧新河水注之，清波弥漫数里，颇类江乡矣。

注释

①馆：这里指提供住宿。

②大言：大话。

③矜：夸耀。

④相雌雄：比高低。

⑤压镇：压制。

⑥薛师政：即薛向，宋元丰年间知枢密院，书称其善于经商和管理财务。

⑦冢：坟墓。

⑧引：挖掘。

译文

镇阳的园林在各个州镇中是最为兴盛的，那原本是王镕所建的海子园。王镕曾经招待李正威在这里的馆舍住过，亭台楼馆还是当年的东西，都非常壮丽。镇阳人喜欢说大话，夸耀这一池子，称它为"潭园"，大概

不知道以前这儿曾经被称作"海子"吧。中山的人常喜欢与镇阳人比个高低，中山城北边的园苑中也有大池子，就称它为海子，用来压低镇阳的潭园。我在熙宁年间奉命出使镇定，当时薛师政为定州的长官，我就和他商议，扩展海子直到城西的中山王坟墓，全部改为稻田，引进新河水灌溉它，清澈的水波绵延好几里，很像江南水乡的样子。

卷十　杂志

两头蛇

原文

宣州宁国县多枳首蛇①，其长盈尺，黑鳞白章，两首文彩同，但一首逆鳞②耳。人家庭槛间，动③有数十同穴，略如蚯蚓。

注释

①枳首蛇：指两头蛇。
②逆鳞：鳞片倒生。
③动：常常。

译文

宣州宁国县有很多两头蛇，它身长一尺，黑色的鳞中间有白色的花纹，两个头的花纹是相同的，但其中一个头上的鳞片是倒着长的。在人们的庭院栏栅里，常常有几十条两头蛇在同一个洞穴里，有点像蚯蚓。

天　蛇

原文

太子中允关杞曾提举广南西路常平仓，行部①邕管，一吏人为虫所毒，举身溃烂。有一医言能治。呼使视之，曰："此为天蛇所螫，疾已深，不可为也。"乃以药傅其创，有肿起处，以钳拔之。有物如蛇，凡取十余条而疾不起。又予家祖茔在钱塘西溪，尝有一田家，忽病癞②，通身溃烂，号呼欲绝。西溪寺僧识之，曰："此天蛇毒耳，非癞也。"取木皮煮，饮一斗③许，令其恣④饮。初识疾减半，两三日顿愈。验其木，乃今之秦皮也。然不知天蛇何物。或云："草间黄花蜘蛛是也。人遭其螫，仍为露水所濡⑤，乃成此疾。"露涉者亦当戒也。

注释

①行部：视察。
②癞：麻风病。
③斗：古代的方形大酒杯。
④恣：尽量。
⑤濡：浸湿。

译文

太子中允关杞，曾任广南西路常平仓提举官，他巡视邕州管辖的地方时，有一小官吏被毒虫所咬，全身溃烂。有一位医生说能治疗，就请他来看，医生说："这是被天蛇所咬，病已经很重了，无法医治。"于是他把药敷在溃烂的地方，在肿起的地方，用钳子拔出许多像蛇一样的东西，共取了十多条但小吏还是死了。还有，我家的祖坟在钱塘西溪，曾有一个农户忽然得了麻风病，全身溃烂，大声喊叫得悲痛欲绝，西溪寺的僧人知道这种病，说："这是中了天蛇毒，而不是麻风病。"他取出一些树皮熬水，让这农人喝了一斗多，并叫他尽量地喝。第一天病就减轻了一半，两三天后病就好了。考察那种树皮，就是现在的秦皮。然而不知天蛇是什么东西。有的人说："就是草里的黄花蜘蛛。人若被它咬了，又被露水沾湿了伤口，就会得这种病。"因而在露水中行走的人也应当小心才是。

建溪茶

原文

古人论茶,唯言阳羡、顾渚、天柱、蒙顶之类,都未言建溪。然唐人重串茶粘黑者,则已近乎"建饼"矣。建茶皆乔木;吴、蜀、淮南唯丛茭①而已,品自居下。建茶胜处②曰郝源、曾坑,其间又岔根、山顶二品尤胜。李氏时号为北苑,置使领之③。

注释

①丛茭:指像茭白一样的丛生。
②胜处:盛产茶的地方。
③置使领之:派使臣管理。

译文

古人品评茶叶,只提到阳羡、顾渚、天柱、蒙顶一类地方的茶,都没有提到建溪茶。然而唐代人看重的粘黑串茶,就已经接近建溪饼茶了。建溪的茶树都是高大的乔木;而吴中、川蜀、淮南都只有像茭白一样丛生的茶树而已,品质自然居于建茶之下。建茶中最著名的产地是郝源、曾坑,其中又数岔根、山顶两处的茶尤其著名。李氏统治江南的时候把这里叫作北苑,派使臣专门管理。

胆矾炼铜

原文

信州铅山县有苦泉，流以为涧。挹①其水熬之，则成胆矾。烹胆矾则成铜；熬胆矾铁釜，久之亦化为铜。水能为铜，物之变化，固②不可测。按《黄帝素问》有"天五行，地五行，土之所在天为湿，土能生金石，湿亦能生金石。"此其验也。又石穴中水，所滴皆为钟乳、殷孽。春秋分时，汲井泉则结石花；大卤之下，则生阴精石，皆湿之所化也。如木之气在天为风，木能生火，风亦能生火。盖③五行之性也。

注释

①挹：舀、乘。
②固：实在。
③盖：大概。

译文

信州铅山县有苦泉，流出来形成小溪。舀苦泉水出来熬炼，就得到胆矾。煮胆矾就能得到铜；时间长了，熬胆矾的铁锅也变成了铜锅。水能变为铜，物质的变化真是难以预测。根据《黄帝素问》记载："天有五行，地有五行，土中的气升到天上就是湿气，土能生成金属矿石，湿气也能成为金属石头。"这就是验证。另外石洞中的水，水滴都能变成钟乳、殷孽。春秋时节，汲的井水或泉水都能结石花；盐池卤水之下，能生成阴精石，这都是湿气变化所产生。就像木的气在天空中成为风，木能生火，风也能生火。所有这些大概都是五行的本性。

测量汴渠

原文

国朝汴渠，发京畿①辅郡三十余县夫，岁一浚②。祥符中，阁门祇侯使臣谢德权领治京畿沟洫，权借浚汴夫。自尔后三岁一浚，始令京畿民官皆兼沟洫③河道，以为常职。久之，治沟洫之工渐弛，邑官徒带空名，而汴渠有二十年不浚，岁岁堙淀④。异时⑤京师沟渠之水皆入汴，旧尚书省都堂壁记⑥云，"疏治八渠，南入汴水"是也。自汴流堙定，亦城东水门下至雍丘、襄邑，河底皆高出堤外平地一丈二尺余。自汴堤下瞰，民居如在深谷。熙宁中，议改疏洛水入汴。予尝因出使，按行⑦汴渠，自京师上善门量至泗州淮口，凡八百四十里一百三十步。地势，京师之地比泗州凡高十九丈四尺八寸六分。于京城东数里白渠中穿井，至三丈方见旧底。验量地势，用水平、望尺、斡尺量之，不能无小差。汴渠堤外，皆是出土故沟，水令相通，时为一堰节其水；候水平，其上渐浅涸，则又为一堰，相齿⑧如阶陛。乃量堰之上下水面，相高下之数会之，乃得地势高下之实。

注释

①京畿：宋代的行政区之一，称为京畿路，包括开封府和附近的几个县。

②浚：疏通河道。

③洫：沟渠。

④堙淀：淤积。

⑤异时：以前。

⑥壁记：古时官府习惯以刻字的石碑嵌在墙壁上，记述官府的设置，官员的升迁和其他重要事件。

⑦按行：测量。

⑧齿：排列。

译文

本朝的汴渠，每年要征调京城和辅郡的三十多个州县的民夫疏浚一次。祥符年间，阁门祗候使臣谢德权负责治理京城近郊沟渠，暂时借用疏浚汴渠的民夫。从此以后三年疏浚一次，开始时让京郊附近的官员都兼管修理沟渠和汴渠的工作，把这个作为经常性的职务。时间久了，治理沟渠的工作逐渐松弛下来，州县官员们只是徒有兼职的虚名，因而汴渠有二十年没有疏浚，河道年年淤积。从前京师沟渠中的水都流入汴渠，原尚书省都堂的壁记上说"疏通了八条河渠，往南流入汴水"，就指这件事。自从汴渠淤积以后，从京城的东水门往下到雍丘、襄邑，河底比堤外的平地高出一丈二尺多。从汴堤上往下看，居民房屋像在深谷中。熙宁年间，商议要把洛水疏通流入汴渠。我曾因此到外地巡视，测量过汴渠，从京城上善门测量到泗州淮口，一共八百四十里一百三十步。按照地势，京城的地面比泗州共高出十九丈四尺八寸六分。在京城东边几里的白渠中开井，挖到三丈深才能看见旧的河底。测量地势，用水平、望尺、千尺去量，不能没有小的误差。汴渠堤外，都是原来挖掉了土的旧沟，让沟与汴水相通，完一段就在沟上做一道堤堰拦挡沟水；等到沟中的水平了，沟的上段渐渐干涸，就又做一道堤堰，各堰之间依次排列如阶梯，于是测量每个上水面和下水面之间的高度差，把每个高度差加起来，就得出地势高低的实际数字了。

避风术

原文

江湖间唯畏大风。冬月风作有渐,船行可以为备;唯盛夏风起于顾盼①间,往往罹难②。曾闻江国贾人有一术,可免此患。大凡夏月风景,须③作于午后。欲行船者,五鼓初起,视星月明洁,四际至地④,皆无云气,便可行;至于巳时⑤即止。如此,无复与暴风遇矣。国子博士李元规云:"平生游江湖,未尝遇风,用此术。"

注释

①顾盼:指极短的时间。
②罹难:遇难。
③须:总是。
④四际至地:指天地四面与地面连成一片。
⑤巳时:午前九时到十一时。

译文

在江河湖泊中行船就害怕大风。冬天的大风是渐渐刮起来的,行船的人可以预先准备;只有盛夏的风起于转眼之间,行船的人往往遇难。曾经听说在长江上贩运货物的商人有一办法,可以避免这种灾难。一般说来夏天的大风总是在午后发生,要行船的人,在五更的时候就起来,看天空如果星月明亮皎洁,天际四周直到地面都没有云气,就可以行船;到中午以前就停下,这样便不会遇到暴风了。国子博士李元规说:"我平生游历江湖,从来没有遇到风害,就是用的这种方法。"

大 蓟

原文

予使虏,至古契丹界。大蓟茇如车盖,中国无此大者,其地名蓟,恐其因此①也。如扬州宜杨、荆州宜荆之类。荆或为楚,楚亦荆木之别名也。

注释

①因此:由于这样的原因。

译文

我出使胡地,到古代契丹国的地界。大蓟草长得像车盖,中原土地没有这样大的。这个地方叫作蓟,恐怕就是因为这个原因吧。例如扬州适宜杨树生长,荆州适宜荆棘生长之类。荆字或者写作楚,楚也是荆棘的别名。

干螃蟹

原文

关中无螃蟹。元丰中，予在陕西，闻秦州人家收得一干蟹，土人怖①其形状，以为怪物。每人家有病虐者，则借去挂门户上，往往遂差②。不但人不识，鬼亦不识也。

注释

①怖：感到害怕。
②遂差：病愈。

译文

关中一带没有螃蟹。元丰年间，我在陕西，听说秦州有户人家收藏了一只干螃蟹，当地人对它的形状感到害怕，认为是怪物，每当家里有患病的人，就借去挂在门窗上，往往就好了。不但人不认识螃蟹，连鬼也不认得这东西。

武臣奏事

原文

庆历中,河北大水,仁宗忧形于色。有走马承受公事使臣到阙,即时召对,问:"河北水灾何如?"使臣对曰:"怀山襄陵。"又问:"百姓如何?"对曰:"如丧考妣①。"上默然。既退,即诏阁门:"今后武臣上殿奏事,并须直说,不得过为文饰。"至今阁门有此条,遇有合奏事人,即预先告示。

注释

①如丧考妣:如同爹娘逝世一样悲痛。

译文

庆历年间,河北涨大水,仁宗对此非常忧虑神情不安。恰好有走马承受公事使臣来到京城,立刻宣他进殿,问:"河北水灾情形怎样?"使臣回答说:"怀山襄陵。"仁宗又问:"百姓情形怎样?"使臣回答:"如同爹娘去世一样悲痛。"仁宗听后默默无语。退朝之后,就下令阁门使:"今后武臣上殿奏事,必须直说事情,不能过于雕饰。"到现在阁门司都订有这一条文,凡碰到要上奏的人,就预先告知这条规定。

木制地形图

原文

予奉使按边①,始为木图,写②其山川道路。其初遍履山川,旋以面糊木屑写其形势于木屑上。未几寒冻,木屑不可为,又熔蜡为之。皆欲其轻,易赍③故也。至官所,则以木刻上之。上召辅臣同观。乃诏④边州皆为木图,藏于内府。

注释

①按边:察访边境。
②写:模拟。
③赍:携带。
④诏:下令。

译文

我奉命巡察边地,才开始制作木质地形图,摹拟那里山川、道路的位置。起初是遍察各地山脉、河流,当即就用面糊、木屑模仿那些地理形势在木桌上制出模型。不久天气变得寒冷冻人,木屑不能用了,就把蜡熔化了来做。这都是为了使做出来的模型重量轻而便于携带的缘故。回到官署,就雕刻成木质地形图呈给皇上。皇帝召来辅佐大臣一起观看后,就命令边地州县都做木质地形图,由内府收藏。

李顺、王小波起义

原文

蜀中剧贼李顺，陷剑南、两川，关右震动，朝廷以为忧。后王师破①贼，枭②李顺，收复两川，书功行赏，了无间言。至景祐中，有人告李顺尚在广州，巡检使臣陈文琏捕得之，乃真李顺也，年已七十余。推验明白，囚赴阙，覆按皆实。朝廷以平蜀将士功赏已行，不欲暴其事。但斩顺，赏文琏二官③，仍阁门祗候。文琏，泉州人，康定中老归泉州，余尚识之。文琏家有《李顺案款》，本末甚详。顺本味江王小波之妻弟，始王小波反于蜀中，不能抚其徒众，乃推顺为主。顺初起，悉召乡里富人大姓，令具④其家所有财粟，据其生齿⑤足用之外，一切调发，大赈贫乏。录用才能，存抚良善；号令严明，所至一无所犯。时两蜀大饥，旬日之间，归之者数万人，所向州县，开门延纳，传檄⑥所至，无复完垒。及败，人尚怀之。故顺得脱去三十余年，乃始就戮。

注释

①破：打败。

②枭：杀人后把头悬挂在木杆上示众。

③二官：指两级阶官。宋代用阶官表示官员的品位、俸禄。

④具：呈报。

⑤生齿：人口。

⑥传檄：檄，即檄文，征伐、声讨的文书。传檄，发布檄文。

译文

蜀中大叛贼李顺，攻陷了剑南东两川许多地方，关西一带也极为震动,朝廷上下对此感到忧虑。后来朝廷的军队打败了叛贼,将李顺杀头示众,收复了两川,论功行赏,其间完全没有疑惑异议。到景祐年间,有人告发说李顺还隐藏在广州,巡检使臣陈文琏抓住了他,才是真的李顺,年龄已经七十多岁了。审讯验证清楚后,囚禁起来押赴京师,再审核验证一切属实。朝廷因为已经赏赐过那些在平定蜀地叛乱中有功的将士了,不想让事情太张扬。只是把李顺斩首,赏赐陈文琏官两阶,仍为阁门祗候。陈文琏是泉州人,康定年间告老回到泉州,我还算认识他。陈文琏家里有一本《李顺案款》,关于李顺案件的前因后果记录得非常详细。李顺本是味江王小波的妻弟,起初王小波在四川起义造反,因为他不善于统率起义群众,大家推李顺为首领。李顺他们一开始,把乡里有钱的人全部召集在一起,命令他们把家里所有的财物粮食统统呈报上来,除了按人口留下够用的外,其余一切都被征调,广泛地赈济灾民。他们录用有才能的人,保护善良的人;号令严明,所到之处对百姓秋毫不犯。正值两蜀发生大饥荒,十来天之内,参加的民众达到几万人。起义军开往的州县,都打开城门迎接;发布的檄文所到的地方,无不投降。李顺领导的起义失败后,百姓还怀念他。因此他得到掩护,能够逃脱达三十年之久,才被杀死。

太祖治军

原文

太祖朝，常戒禁兵之衣，长不得过膝，买鱼肉及酒入营门者，皆有罪。又制更戍①之法，欲其习山川劳苦，远妻孥②怀土之恋。兼外戍之日多，在营之日少，人人少子，而衣食易足。又京师卫兵请粮者，营在城东者，即令赴城西仓；在城西者，令赴城东仓；仍不许佣僦③车脚，皆须自负。尝亲登右掖门观之。盖使之劳力，制其骄惰。故士卒衣食无外慕④，安辛苦而易使⑤。

注释

①更戍：轮流守卫。
②孥：子女。
③佣僦：借用、租用。
④外慕：羡慕营外之事。
⑤使：指挥。

译文

宋太祖当政的时候，曾经禁令禁兵的衣服不能长过膝盖，买鱼肉和酒入营门的人都有罪。又制定了轮流守卫边防的制度，使禁兵习惯于爬山涉水的劳苦，减少对妻子儿女和家乡的依恋。在外面卫戍的日子多，在军营里的日子少。人人少俸禄，而衣食的需求容易满足。另外京师卫兵领取粮食，驻营在城东的，就令其到城西仓库领取；驻营在城西的，就令其到城东仓库领取，还不许租雇车马脚力，必须自己背负。宋太祖曾亲自登右掖门观看禁兵背粮。因为让他们在劳动中出力，可以抑制骄傲和懒惰的习气。所以士兵在生活上不羡慕外面的浮华，安于辛苦而易于指挥。

用　人

原文

范文正常言：史称诸葛亮能用度外人①。用人者莫不欲尽天下之才，常患②近己之好恶而不自知也；能用度外人，然后能周③大事。

注释

①用度外人：即度用外人，破格任用不合传统标准的人才，或者是与自己意见相左的人。

②患：不足之处。

③周：完成。

译文

范文正常说："史书上说诸葛亮能破格任用人材。用人的人，没有不想罗致天下贤才而尽用之的，但是常不自觉地用了那些迎合自己好恶的人，而自己却不知道这个缺点。能够破格用人的人，才能成就大事业。"

校勘古书

原文

宋宣献博学,喜藏异书,皆手自校雠。常谓"校书如扫尘,一面扫,一面生。故有一书每三四校,犹有脱缪"。

译文

宋宣献公学识广博,喜欢收藏奇书,每本书都要亲自校勘。他经常说:"校书就像打扫灰尘,一边扫,一边又生。所以一本书校了三四次,还是有脱落谬误。"

卷十一　药议

咽与喉

 **原文**

古方①言"云母粗服，则著②人肝肺不可去"。如枇杷、狗脊毛不可食，皆云"射入肝肺"。世俗③似此之论甚多，皆谬说也。又言"人有水喉、食喉、气喉"者，亦谬说也。世传《欧希范真五脏图》，亦画三喉，盖当时验之不审④耳。水与食同咽，岂能就口中遂分入二喉？人但有咽、有喉二者而已。咽则纳饮食，喉则通气。咽则咽入胃脘⑤，次入胃中，又次入广肠，又次入大小肠；喉则下通五脏，为出入息。五脏之含气呼吸，正如冶家⑥之鼓鞴⑦。人之饮食药饵，但自咽入肠胃，何尝能至五脏？凡人之肌骨、五脏、肠胃虽各别，其入肠之物，英精之气味⑧，皆能洞达，但滓秽⑨即入二肠。凡人饮食及服药既入肠，为真气所蒸⑩，英精之气味，以至金石之精者，如细妍硫黄、朱砂⑪、乳石之类，凡能飞走融结者，皆随真气洞达肌骨，犹如天地之气，贯穿金石土木，曾无留碍。自馀顽石草木，则但气味洞达耳。及其势尽⑫，则滓秽传入大肠，润湿渗入小肠，此皆败物，不复能变化，惟当退溲耳。凡所谓某物入肝，某物入肾之类，但气味到彼耳。凡质岂能至彼哉？此医不可不知也。

 **注释**

①古方：古代的医书。

②著：黏附。

③世俗：当时社会上的风俗习惯。

④审：探究

⑤胃脘：中医说是胃的内部，这里指食道。

⑥冶家：锻造金属器具的人

⑦鞴：用牛革做的鼓风工具。

⑧英精之气味：指充养肺腑的精华，即能被人体吸收的营养物质。

⑨滓秽：肮脏。

⑩真气所蒸：真气是中医学名词，又叫正气。真气所蒸，指人体内正常的代谢功能。

⑪朱砂：又名辰砂、丹砂、赤丹，有解毒防腐作用。

⑫势尽：药物的养分被吸收完了。尽：完结。

译文

古代医方说"吃了粗制的云母，就会附着在人的肝肺上不能去掉。"如像枇杷叶的毛、狗脊毛一样不能吃，都说吃了会"射到肝肺上去"。民间像这样的说法很多，其实都是错误的。还说人有"水喉、食喉、气喉"，也是错误的说法。世上流传的《欧希范真五脏图》，也画有三个喉，大概是那时观察不细致的缘故。水和食物同时下咽，怎么可能在口中就分开进入两个喉呢？人只有咽有喉两个部分而已。咽是接纳饮食的，喉是用来通气的。食物从咽中先往下进入胃管，其次进入胃中，又其次进入广肠，最后进入大小肠。而喉则向下通达五脏，是呼气和吸气的。人五脏的含气呼吸，就像冶炼金属用的风箱。人的饮食、药物，都只是从咽到达肠胃，怎么可能到达五脏呢？大凡人的肌骨、五脏、肠胃重然各有不同，但是进入肠胃的食物，它们的精华之气，都可以到达肌骨、五脏，只有渣滓进入了大、小肠。凡是人蚀食和服用药物一经到达肠胃，为人的真气所激发，物品的精华之气，甚至金石之类药物中的精华，如研细的硫黄、朱砂、乳石之类的东西，凡是能飞走融结的，都随着真气到达肌骨，就像天地的真气能贯穿金石土木一样，没有什么阻碍。至于其余的石头、草木就只有气味可以到达了。等到它们的精华用尽之后，渣滓就送入大肠，液体就渗入小肠，这些都是废物，不能再被吸收利用了，只有排泄掉。凡是所说的某物入肝、某物入肾之类的，只是精华到那里，一般药物本身怎么能到那里呢？这都是医家不可以不知道的。

鸡舌香

原文

予集《灵苑方》，论鸡舌香以为丁香母，盖出陈氏《拾遗》。今细考之，尚未然。按《齐民要术》云："鸡舌香，世以其似丁子，故一名丁子香。"即今丁香是也。《日华子》云："鸡舌香，治口气。"所以三省故事，郎官口含鸡舌香，欲其奏事对答，其气芬芳。此正谓丁香治口气，至今方书①为然。又古方五香连翘汤用鸡舌香，《千金》五香连翘汤无鸡舌香，却有丁香，此最为明验②。《新补本草》又出丁香一条，盖不曾深考也。今世所用鸡舌香从乳香中得之，大如山茱萸，到开，中如柿核，略无气味。以治疾，殊极乘谬③。

注释

①方书：医书。
②明验：明显的证据。
③殊极乘谬：非常荒唐。

译文

我编集《灵苑方》，认为鸡舌香是丁香母，大概出自于陈氏的《拾遗》。现在仔细考察，还有不准确之处。按照《齐民要术》所说："鸡舌香，世人因为它像丁香的籽，所以又称为丁子香。"就是今天说的丁香。《日华子》说："鸡舌香，治疗口中臭气。"所以按三省的通例，郎官口中要含着鸡舌香，以便他们在奏事对答时，口气芬芳。这正是所说的丁香治口臭，到现在医书上还这样记载。另外，古方中记载五

香连翘汤用鸡舌香,《千金方》记载五香连翘汤没有用鸡舌香,但用了丁香。这是最为明白的证据。《新补本草》又列出"丁香"一条,大概是没有深入考证的缘故吧。现在世上所用的鸡舌香是从乳香中得来的,大的像山茱萸,将它锉开,中间像柿核,几乎没有气味。用它治病,极其荒谬。

用 药

原文

旧说有"药用一君、二臣、三佐、五使"之说。其意以谓药虽众,主病①者专在一物,其他则节级相为用②,大略相统制③,如此为宜,不必尽然也。所谓君者,主此一方者,固无定物也。《药性论》乃以众药之和厚者定以为君,其次为臣、为佐,有毒者多为使,此谬说也。设若欲攻坚积④,如巴豆辈,岂得不为君哉!

注释

①主病:主治疾病。

②节级相为用:按照主次搭配相互使用。

③统制:制约、节制。

④坚积:顽固性的积聚,如因寒邪郁滞引起的食积、便秘等。

译文

过去有"药用一君、二臣、三佐、五使"的说法。它的意思是说药物虽然很多,但是主治疾病的却只有一种药,其他依次起作用,大体上相互促进制约,这样就比较恰当,不必全用一种医方。所说的君,是这一药方中的主药,不是指某一特定的药物。《药性论》却把药物中药性和缓温厚的药物定为君药,差一些的是臣药、佐药,有毒的多定为使药。这是错误的说法。如果要治疗硬固性积聚症,像巴豆一类的药,怎么能不成为君药呢!

金罂子

原文

金罂子止遗泄①,取其温且涩也。世之用金罂者,待其红熟时,取汁熬膏用之,大误也。红则味甘②,熬膏则全断涩味,都失本性。今当取半黄时采,干③,捣末用之。

注释

①遗泄:遗精。

②味甘:味道甜。

③干:晒干。

译文

金罂子治疗遗精、早泄等疾病,取它温和而且苦涩的药性。世人使用金罂子,要等到它红透成熟的时候,榨取汁液熬成药膏使用,这是很大的错误。果红了味道就甜,熬成药膏就完全没有涩味,药性全部丧失。应当选取果子半黄的时候采摘,晒干,捣成粉末服用。

汤、散、丸的功用

原文

汤、散、丸,各有所宜。古方用汤最多,用丸、散者殊少。煮散①古方无用者,唯近世人为之。本体欲达五脏四肢得莫如汤,欲留膈胃中者莫如散,久而后散者莫如丸。又无毒者宜汤,小毒者宜散,大毒者须用丸。又欲速者用汤,稍缓者用散,甚缓者用丸。此其大概也。近世用汤者全少,应汤者皆用煮散。大率汤剂气势完壮,力与丸、散倍蓰②。煮散者一啜③不过三五钱极矣,比功较力,岂敌汤势?然汤既力大,则不宜有失消息④。用之全在良工,难可定论拘⑤也。

注释

①煮散:把散剂加水煮成汤剂,去渣服用。
②蓰:五倍,这里泛指适宜几倍。
③啜:喝、吃。
④消息:消,减少。息,增长。指剂量的多少。
⑤定论拘:拘泥于固定的法则。

译文

汤剂、散剂、丸剂各有各的药用。古代方剂中汤剂用得最多,用丸剂、散剂的很少。煮散在古代方剂中没有使用,只有近代人才使用。一般的说,要使药力达到五脏四肢的不如用汤剂,要留在膈膜和胃中的不如用散剂,药力滞积较久而后发散的不如用丸剂。另外,没有毒性的适宜用汤剂,毒性小的适宜用散剂,毒性大的必须用丸剂。还有,要速效的用汤剂,稍缓一点的用散剂、更缓慢的用丸剂。这是指一般的情况。

近代的人很少用汤剂，应该用汤的都采用煮散。一般说来汤剂的效果强，药力比丸剂、散剂高一倍或几倍。煮散一次最多不过服用三五钱，比较功效和药力，哪能胜过汤剂的作用？然而汤剂药力既然大，用药时一定要增减得当。选用药剂全靠医生的实践，不可以拘泥于固定的成法。

采草药

原文

古法采草药多用二月、八月，此殊未当。但二月草已芽，八月苗未枯，采掇①者易辩识耳，在药则未为良时。大率用根者，若有宿根②，须取无茎叶时采，则津泽皆归其根。欲验之，但取芦菔、地黄辈观，无苗时采，则实而沉；有苗时采，则虚而浮。其无宿根者，即候苗成而未有花时采，则根生已足而又未衰。如今之紫草，未花时采，则根色鲜泽；花过而采，则根色黯恶，此其效③也。用叶者取叶初长足时，用芽者自从本说，用花者取花初敷④时，用实者成实时采。皆不可限以时月。缘土气有早晚，天时有愆伏⑤。如平地三月花者，深山中则四月花。白乐天《游大林寺》诗云："人间四月芳菲尽，山寺桃花始盛开。"盖常理也，此地势高下之不同也。始笙竹笋，有二月生者，有三四月生者，有五月方生者，谓之晚笙；稻有七月熟者，有八九月熟者，有十月熟者，谓之晚稻。一物同一畦之间，自有早晚，此物性之不同也。岭、峤微草，凌冬不凋，并、汾乔木，望秋先陨；诸越⑥则桃李冬实，朔漠则桃李夏荣，此地气之不同。一亩之稼，则粪溉者先牙；一丘之禾，是后种者晚实，此人力之不同也。岂可一切拘以定月⑦哉！

注释

①掇：拾取。

②宿根：多年生草本植物的越冬根，此指肉实根茎。

③效：效验、证实。

④敷：铺开。

⑤愆伏：指天气的寒暖失调。
⑥诸越：泛指我国南方一带。
⑦定月：固定的月份。

译文

古法采草药大多在二月、八月，这很不妥当。只因为二月的时候草已经发芽，八月的时候苗尚未枯萎，采摘的人容易辨识罢了，对药来说却不是好的时节。大体上说，用根的草药，如果有宿根的，要选在没有茎、叶的时候采，药的养分都在根里。要想验证它，只需要取萝卜、地黄一类的植物观察一下就知道了，在无苗的时候采的实而重；有苗的时候采的空而轻。没有宿根的草药，在苗长成还没有开花的时候采，这时它的根已经长足而又没有衰竭。像现今的紫草，没有开花时采，根的色泽就鲜艳而滋润；花开过了再采，根的色泽就黯淡无光了。这就是证明。用叶的草药，要在叶刚刚长足时采；用芽的草药，自然可以采取原来二月时采的说法；用花的草药，要在花初开时采；用果实的草药，要在果实成熟时采。这些都不可以用时间来限制。因为地气有早有晚，气候的变化也有不同。例如在平原上三月开花的，在深山中四月才开花。白乐天的《游大林寺》诗中说："人间四月芳菲尽，山寺桃花始盛开。"这是普遍的规律，是地势高低不同造成的。例如笙竹笋有二月生的，有三四月生的，五月才生的叫晚笙。稻子有七月成熟的，有八九月成熟的，十月才成熟的叫晚稻。同一种作物在同一畦中，成熟也有早有晚，这是因为不同植株的品性还有差异。岭南的小草，在寒冬时节也不凋零；而并州、汾州的乔木，临近秋天就开始落叶；东南的桃李在冬天结果，北方沙漠地带的桃李夏天才开花，这是地气的不同。一亩地里的庄稼，施过肥的先发芽；同一片地里的禾苗，后种的晚结果，这是人力的不同。菜药哪能一律限制在固定的月份呢？

鹿茸与麋茸

按《月令》："冬至麋角解，夏至鹿角解"。阴阳①相反如此。今人用麋、鹿茸作一种，殆疏也。又有刺麋、鹿血以代茸，云"茸亦血耳"，此大误也。窃②详古人之意，凡含血之物，肉差③易长，其次筋难长，最后骨难长。故人自胚胎至成人，二十年骨髓方坚。唯麋角自生至坚，无两月之久，大者乃重二十余斤，其坚如石。计一昼夜须生数两。凡骨之顿成生长，神速无甚于此。虽草木至易生者，亦无能及之。此骨血之至强者，所以能补骨血，坚阳道，强精髓也。头者诸阳之会，众阳之聚，上钟于角，岂可与凡血为比哉！麋茸利补阳，鹿茸利补阴。凡用茸，无乐④大嫩。世谓之"茄子茸"，但珍其难得耳，其实少力⑤。坚者又太老。唯长数寸，破之肌如朽木，茸端如玛瑙、红玉者，最善。又北方戎狄中有麋、麈、麈。驼鹿极大而色苍⑥，尻⑦黄而无斑，亦鹿之类。角大而有文⑧，莹莹如玉，其茸亦可用。

注释

①阴阳：这里把麋和鹿比喻为两个相反的方面。

②窃：私下，表示个人意见的谦词。

③差：稍微。

④无乐：不要追求。

⑤少力：效力不大。

⑥色苍：青色。

⑦尻：屁股。

⑧文：通"纹"，花纹。

译文

按照《月令》上说的:"冬至时麋角脱落,夏至时鹿角脱落。"阴和阳就是这样的相反。现在的人把麋茸、鹿茸当成同一样东西,这真是太粗疏了。还有人用针刺出麋和鹿的血来代替茸,说茸也不过是血罢了,这实在是很大的错误。我推究古人的意思,凡是含血的东西,肉比较容易生长,其次是筋较难生长,最后是骨最难长。所以人从胚胎长大成人,需二十年骨骼才坚硬。只有麋角从生出到坚固,不到两个月时间,大的可达二十多斤,坚硬得像石头。算来一昼夜要长几两重。骨头的生长没有比这更神速的了,即使是非常容易生长的草木,也赶不上它。这是骨血中最强的,所以能滋补人的骨血,壮阳道,强精髓。头部是各种阳气会集的地方,而头部的阳气又集中在角上,这怎能和普通的血相提并论呢!麋茸益于补阳,鹿茸益于补阴。凡是用茸,不要追求太嫩的。世上称为"茄子茸"的,只是因为难于得到而珍贵罢了,其实药力不强。坚硬的茸又太老。只有那种几寸长的,破开来它的肌肉像朽木,茸的顶端像玛瑙、红玉那样的才是最好。另外,北方少数族中有麋、麖、麈。驼鹿的体形很大而颜色灰白,屁股呈黄色没有斑纹,也属于鹿的一种。它的角很大,有花纹,晶莹而光亮像玉石,它的茸也可以用。

枸 杞

原文

枸杞，陕西极边生者，高丈余，大可作柱，叶长数寸，无刺，根皮如厚朴①，甘美异于他处者。《千金翼》云："甘②州者为真，叶厚大者是。"大体出河西诸郡。其次江池间圩埂③上者。实圆如樱桃，全少核。暴④干如饼，极膏润有味。

注释

①厚朴：一种中药，性味苦、辛、温，能行气化湿。
②甘：指今甘肃。
③圩埂：低凹地区防水的堤。
④暴：在太阳下晒。

译文

枸杞，生长在陕西最边缘地区的植物，高一丈多，大的可以做柱子，叶有几寸长，没有刺，根皮像厚朴，果实甘甜味美不同于其他地方出产的。《千金翼方》上说："甘肃出产的枸杞是正品，叶片厚大的就是。"这种枸杞大体出自于黄河以西各郡县，其次就是长江下游一带湖泊圩田的堤坝上的。枸杞的果实像樱桃一样圆，很少有核，晒干后象饼状，极其滋润味美。

细 辛

原文

东方、南方所用细辛，皆杜衡也，又谓之马蹄香也。黄白，拳局①而脆，干则作团，非细辛也。细辛出华山，极细而直，深紫色，味极辛②，爵之习习如椒，其辛更甚于椒。故《本草》云："细辛，水渍令直。"是以杜衡伪为之也。襄、汉间又有一种细辛，极细而直，色黄白，乃是鬼督邮，亦非细辛也。

注释

①拳局：通"蜷曲"。
②辛：辣。

译文

东方和南方所用的细辛，都是杜衡，又叫作马蹄香。呈黄白色，蜷曲而且很脆，晒干后成团状，这不是细辛。细辛出自华山，枝干非常细而且直，呈深紫色，味道很辣，放进口中咀嚼像吃花椒，但比花椒更辛辣。所以《本草》中说："细辛水泡后可以使它变直。"那是用杜衡伪作的。襄水、汉水之间还有一种细辛，枝茎很细而直，呈黄白色，这是"鬼督邮"，也不是细辛。

甘草和黄药

原文

《本草注》引《尔雅》云："蘦，大苦。"注："甘草也。蔓①延生，叶似荷，茎青赤。"此乃黄药也，其味极苦，故谓之大苦，非甘草也。甘草枝叶悉如槐，高五六尺，但叶端微尖而糙涩，似有白毛，实作角生，如相思角，四五角作一本生，熟则角坼②。子如小扁豆，极坚，齿啮③不破。

注释

①蔓：细长能够缠绕的茎。

②坼：裂开。

③啮：咬。

译文

《本草》注引用《尔雅》里的话："蘦，大苦。"注文；"即甘草。蔓生，叶像荷叶，茎青红色。"这本是黄药，它的味道极其苦，所以说它大苦，并不是甘草。甘草的枝叶都像槐树，高五六尺，但叶端微尖而且粗糙不光滑，像有白毛，果实呈角形，像相思果的角，四五个角生在一个枝上，成熟后角就裂开了。种子像小扁豆，极坚硬，用牙齿咬不破。

胡　麻

原文

胡麻直是今油麻,更无他说,予已于《灵苑方》论之。其角有六棱者,有八棱者。中国之麻,今谓之大麻是也。有实①为苴麻;无实为枲麻,又曰牡麻。张骞始②自大宛得油麻之种,亦谓之麻,故以"胡麻"别之,谓汉麻为"大麻"也。

注释

①实:指胡麻的籽。
②始:先前。

译文

胡麻就是今天的油麻,再没有其他的说法,我已经在《灵苑方》论述过。它的壳有六个棱的,有八个棱的。中原的麻,就是今天所说的"大麻"。结籽的叫苴麻,不结籽的叫枲麻,又叫作"牡麻"。张骞从大宛国得到油麻的种子,也称为麻,所以用"胡麻"加以区别,而把汉麻称为"大麻"。

天　麻

原文

赤箭，即今之天麻也。后人既误出天麻一条，遂指赤箭别为一物。既无此物，不得已又取天麻苗为之，滋①为不然。《本草》明称"采根阴干"，安得以苗为之？草药上品，除五芝之外，赤箭为第一。此神仙补理、养生上②药。世人惑于天麻之说，遂止用之治风，良可惜哉。或以谓其茎如箭，既言赤箭，疑当用茎，此尤不然。至如鸢尾、牛膝之类，皆谓茎叶有所似，用则用根耳，何足疑哉！

注释

①滋：这。

②上：最好的。

译文

赤箭就是现在的天麻。后人既然错误地另列出天麻一条，于是就说赤箭是另外一种东西。既然没有这种东西，不得已又用天麻苗来顶替，这就更加不对了。《本草》上明明说"采它的根阴干"，怎么能说成天麻苗呢？草药中的上品，除了五芝之外，赤箭排第一。这是神仙补养调理、保养身体最好的药。人们迷惑于天麻的说法，于是只用它作主治风邪，真是可惜啊！有人说它的茎像箭，既然叫赤箭，就猜测应当用茎，这更加不对。像鸢尾和牛膝之类，都是因为它们的茎叶类似于鸢尾、牛膝而得名。而作药时用的还是它们的根，这有什么可怀疑的呢？

太阴玄精

原文

太阴玄精,生解州盐泽大卤中,沟渠土内得之。大者如杏叶,小者如鱼鳞,悉皆六角,端正如刻,正如龟甲。其裙襕①小堕②,其前则下剡,其后则上剡③,正如穿山甲相掩之处全是龟甲,更无异也。色绿而莹彻;叩之则直理而折,莹明如鉴;折处亦六角,如柳叶。火烧过则悉解折,薄如柳叶,片片相离,白如霜雪,平治可爱。此乃禀④积阴之气凝结,故皆六角。今天下所用玄精,乃绛州山中所出绛石耳,非玄精也。楚州盐城古盐仓下土中,又有一物,六棱,如马牙硝,清莹如水晶,润泽可爱,彼方亦名太阴玄精,然喜⑤暴润,如盐碱之类。唯解州所出者为正⑥。

注释

①裙襕:龟甲的边叫裙,上、下表相接之处叫襕。这里的裙襕指龟背面纵剖面的四周边。

②堕:倾斜。

③剡:削尖,这里指倾斜。

④禀:承受。

⑤喜:易。

⑥正:正品。

译文

太阴玄精,出产于解州盐池的盐卤中,可以从沟渠的土中得到。大的像杏叶,小的像鱼鳞,都是六角形,外形端正得如同刀切刻一般,很像龟甲的形状。其纵剖面四周边稍微有些倾斜,前端的晶面向下斜,后端的晶面向上斜。龟甲形的晶体一片片互相重叠，就完全如同穿山甲的鳞片相叠一样，毫无差别。晶体呈绿色而且透明，敲打它就沿直长的纹理而断裂，明亮如镜；裂开的地方也是六角形，样子像柳叶。火烧过后会全部裂开，薄如柳叶，片片分离，白如雪霜，平洁可爱。这是因为承受的是凝结后的阴气，所以都呈六角形。现在各地所用的玄精，是绛州山中出产的绛石，并不是玄精。在楚州盐城县古盐仓下面的土中，又出产一种东西，呈六棱形状，样子很像马牙硝，清澈透明如同水晶，润泽可爱，那里的人也把它叫太阴玄精。然而这种东西像盐碱那样容易吸潮，只有解州出产的才是正宗的太阴玄精。

山豆根

原文

山豆根味极苦,《本草》言味甘者,大误也。

译文

山豆根味道非常苦,《本草》上说它的味道甘甜,是大错误。

赭　魁

原文

《本草》所论赭魁，皆未详审①。今赭魁南中极多，肤黑肌赤，似何首乌。切破，其中赤白理如槟榔。有汁赤如赭，南人以染皮制靴，闽、岭人②谓之余粮。《本草》禹余粮注中所引，乃此物也。

注释

①详审：详尽地审查确认。
②岭人：岭南人，指今广东一带。

译文

《本草》所论述的赭魁，都没有详尽地审查确认。现今赭魁出产于南方的很多，皮为黑色，肉为红色，与何首乌相似。将它切破，里面为红色、白色参杂的纹理好像槟榔。有红色的汁水像赭色颜料，南方人用它来染皮革、制造靴子。闽中、岭南地方的人称它为余粮。《本草》禹余粮一条的注释中所引的，就是这种东西。

《梦溪笔谈》是一部记录古代汉族自然科学、工艺技术及社会历史现象的综合性笔记体著作。全书有十七目，凡609条。内容涉及天文、数学、物理、化学、生物、经济等各个门类学科，其价值非凡。书中的自然科学部分，总结了中国古代、特别是北宋时期科学成就。社会历史方面，对北宋统治集团的腐朽有所暴露，对西北和北方的军事利害、典制礼仪的演变，旧赋役制度的弊害，都有较为详实的记载。

北宋它继承发扬了隋唐时期的经济、文化、科技等等让世界其他国家羡慕不已的长处，成为当时世界上当之无愧的科技大国、经济大国、文化大国。有史料记载，在这个时期的中国是世界上最大的科技输出国。在这个阶段，我国从外国引进科技共4项，而输出的科技多达34项。在这些科技中不仅包括四大发明，而且还囊括了天文、地理、物理、数学、化学、生物学、音乐、文学、工程技术等等诸多领域。这些科技输出，为世界的发展做出了卓越的贡献，直接或间接地催生了西方资本主义萌芽的产生。

宋朝是我国历史上一个非常辉煌的时代，是我国古代历史上经济与文化教育最繁荣的时代。北宋咸平三年（公元1000年）的国民生产总值为265.5亿美元，占据世界经济总量的22.7%，人均生产总值为2280美元，而将近七百年后欧洲率先完成第一次工业革命的英国人均生产总值仅为为1250美元，勉强超过北宋时期我国人均生产总值的一半。为什么北宋时期能够出现领先欧洲几百年的发展呢？这就与当时我国的科技文明有着紧密的联系：

1. 当时在北宋时期，科技已经广泛地运用于人们的日常生产生活之中，例如在农业生产方面，南方农民普遍使用龙骨翻车来灌溉，比龙骨翻车运转力更大的筒车，同时用来引水上山，灌溉山田；北方的农民则拥有成组的铁制农具，如犁、耧、耙、锄、镰等，其中耙、锄等中耕农具较多，表明了农民对精耕细作的重视和耕作程序的增多。北宋农民还很注意积肥和施肥。他们在长期生产实践中认识到，土壤的性质不同，应施用不同的粪肥。所谓"用粪如用药"。当时对作物栽种的深浅疏密与产量高低的关系，也有所认识。禾谱、农器谱、农书、蚕书等农业生产知识的专著，纷纷出现，反映了农业生产技术的提高。

2. 在水利方面北宋时期曾在河北地区修作陂塘，并修筑长六百里的堤堰，设置斗门，引淀泊水灌溉，种植水稻，获得丰收。南方地区水利兴修的成绩更为显著，其中规模较大的有江北捍海堰、浙江捍海石塘、钱塘江堤、西湖等处。如钱塘江堤前后修筑多次，以真宗时所修最有成效。这次修筑，吸收五代时的经验，把石块装在竹笼里，堆砌成堤，堤外再打上木桩，增强了阻挡海潮冲刷的能力。著名的木兰陂大坝宽80米，高10余米，长160余米，可拦洪、蓄水、排灌，使万顷农田旱涝保收。至今仍十分坚固，充分显示了劳动人民的智慧和创造能力。

3. 北宋时期，手工业生产有很大进步，汴绣、宋绣尤为著名。当时，各种手工业作坊的规模和内部分工的细密程度，都超越前代。生产技术发展显著，产品的种类、数量、质量大为增加和改进。最杰出的要算是北宋时期的各种瓷器了。北宋的瓷器，不论在产量还是制作技术上，比前代都有很大提高。当时，烧造瓷器的窑户，遍布全国各地。官窑、钧窑、汝窑、定窑和哥窑，是北宋五大名窑。官窑的产品，土脉细润，体薄色青，略带粉红，浓淡不一；钧窑土脉细，釉具五色，有兔丝纹；汝窑则胭脂、朱砂兼备，色釉莹澈；定窑以白瓷著称，并能制红瓷，其产品十分精美；章生一的哥窑及其弟章生二的弟窑盛产青瓷，产品被誉为"千峰翠色"。宋瓷已成为中国古代著名的艺术品，而享誉海内外。

4. 在采矿冶炼方面，北宋时期对金、银、铜、铁、铅、煤的开采冶炼规模都相当大，采矿冶炼技术相较之前也有很大进步。采矿冶炼伴随着人类社会的进步，始终发挥着重要的作用，一个国家冶炼技术的高低直接决定这个国家的经济能力。北宋当时冶炼水平至少要比欧洲提前六百年。

5. 在商业方面，北宋时期，我国出现了全世界上最早的纸币——交子。北宋建立后，四川地区长期使用铁钱，因铁钱重，携带不方便，公元10世纪末叶，成都市场上遂出现所谓"交子铺"，发行纸币"交子"，代替铁钱流通。由于北宋商业发达，北宋政府对商税特别重视。在全国各地设置场、务等机构，专门征税；城市经济宋代已经普遍存在于各大、中、小城市周围，北方叫"集"，南方叫"墟"。农村中也出现定期举行的小市。

6. 北宋不但国内商业发达，而且还继盛唐之后扩大了海外市场。北宋除广州外，又在杭州、明州、泉州、密州（今山东诸城）、秀州（今浙江嘉兴）五地设市舶司，使外贸规模成倍扩大。北宋中期，每年的市舶收入达六十三万贯，成为政府的一项重要财政收入。北宋出口的商品主要是丝织品、瓷器、金属等，进口的商品主要是香料、药材、象牙、珠宝等。

7.文化科技方面，北宋是中国历史上科技最发达、文化最昌盛、艺术最繁荣的朝代之一。中国历史上很多重大发明都出现在北宋。在11、12世纪内，中国大城市里的生活程度可以与世界上任何其他城市比较而无逊色。正如陈寅恪先生所说的："华夏民族的文化，历数千载之演进，造极于赵宋之世。"

《梦溪笔谈》详细记载了劳动人民在科学技术方面的卓越贡献和他自己的研究成果，反映了中国古代特别是北宋时期自然科学达到的辉煌成就。被世人称为"中国科学史上里程碑"。

化延伸
——与本书内容有关的图书、影视

《天工开物》
作者：宋应星

研究缩影

　　《天工开物》初刊于1637年（明崇祯十年）。《天工开物》是世界上第一部关于农业和手工业生产的综合性著作，是中国汉族古代一部综合性的科学技术著作，有人也称它是一部百科全书式的著作，作者是明朝科学家宋应星。外国学者称它为"中国17世纪的工艺百科全书"。作者在书中强调人类要和自然相协调、人力要与自然力相配合。是中国科技史料中保留最为丰富的一部。

《尔雅》

研究缩影

　　《尔雅》是我国第一部按义类编排的综合性辞书，是疏通包括五经在内的上古文献中词语古文的重要工具书，同时也是汉族辞书之祖。《尔雅》汇总、解释了先秦古籍中的许多古词古义，成为儒生们读经、通经的重要工具书。在汉代《尔雅》就被视为儒家经典，到宋代被列为十三经之一。

四大发明

研究缩影：

　　四大发明是指中国古代对世界具有很大影响的四种发明，是中国古代汉族劳动人民的重要创造。即造纸术、指南针、火药、活字印刷术。四大发明对中国古代的政治、经济、文化的发展产生了巨大的推动作用，且这些发明经由各种途径传至西方，对世界文明发展史也产生了很大的影响。

名家链接

宋应星(公元1587—约1666年),字长庚,汉族,江西奉新人,中国明末清初著名的科学家。他的著作和研究领域涉及自然科学及人文科学的不同学科,是一位百科全书式的学者。他的作品有《天工开物》《野议》《思怜诗》《论气》和《谈天》。

1.宋应星

张衡(公元78—139年),字平子,东汉南阳西鄂也就是河南南阳市石桥镇人,南阳五圣之一。张衡为中国天文学、机械技术、地震学的发展作出了杰出的贡献,发明了浑天仪、地动仪,是东汉中期浑天说的代表人物之一。被后人誉为"木圣"和"科圣",后人为纪念张衡在南阳建设有张衡博物馆。

2.张衡

典语录

1. 百官于中书见宰相，九卿而下，即省吏高声唱一声"屈"，则趋而入。宰相揖及进茶，皆抗声赞喝，谓之"屈揖"。待制以上见，则言"请某官"，更不屈揖，临退仍进汤，皆于席南横设百官之位，升朝则坐，京官已下皆立。

2. 唐制，丞郎拜官，即笼门谢。今三司副使已上拜官，则拜舞于子阶上；百官拜于阶下，而不舞蹈。此亦笼门故事也。

3. 钧石之石，五权之名，石重百二十斤。后人以一斛为一石，自汉已如此，"饮酒一石不乱"是也。挽蹶弓弩，古人以钧石率之。今人乃以粳米一斛之重为一石。凡石者，以九十二斤半为法，乃汉秤三百四十一斤也。

4. 十神太一：一曰太一，次曰五福太一，三曰天一太一，四曰地太一，五曰君基太一，六曰臣基太一，七曰民基太一，八曰大游太一，九曰九气太一，十曰十神太一。唯太一最尊，更无别名，止谓之太一。

5. 六吕：三曰钟，三曰吕。夹钟、林钟、应钟。太吕、中吕、南吕。钟与吕常相间，常相对，六吕之间，復自有阴阳也。

6. 五音：宫、商、角为从声，徵、羽为变声。从谓律从律，吕从吕；变谓以律从吕，以吕从律。故从声以配君、臣、民，尊卑有定，不可相逾；变声以为事、物，则或遇于君声无嫌。六律为君声，则商、角皆以律应，徵、羽以吕应。

版权所有　侵权必究

图书在版编目（CIP）数据

梦溪笔谈/（宋）沈括著．——长春：北方妇女儿童出版社，2016.2（2021.2重印）

（中华国学经典全民阅读书库）

ISBN 978-7-5385-9720-2

Ⅰ.①梦… Ⅱ.①沈… Ⅲ.①笔记-中国-北宋 Ⅳ.①Z429.441

中国版本图书馆 CIP 数据核字（2016）第 007774 号

梦溪笔谈
MENGXIBITAN

出 版 人	刘　刚
责任编辑	吴　桐
开　　本	710mm×1000mm　1/16
印　　张	13
字　　数	165 千字
版　　次	2016 年 2 月第 1 版
印　　次	2021 年 2 月第 3 次印刷
印　　刷	三河市华晨印务有限公司
出　　版	北方妇女儿童出版社
发　　行	北方妇女儿童出版社
地　　址	长春市净月开发区龙腾国际大厦A座
电　　话	总编办：0431-81629600
定　　价	29.80 元